女性主義
Feminism

王逢振／著
孟　樊／策劃

出版緣起

　　社會如同個人，個人的知識涵養如何，正可以表現出他有多少的「文化水平」（大陸的用語）；同理，一個社會到底擁有多少「文化水平」，亦可以從它的組成分子的知識能力上窺知。眾所皆知，經濟蓬勃發展，物質生活改善，並不必然意味這樣的社會在「文化水平」上也跟著成比例的水漲船高，以台灣社會目前在這方面的表現上來看，就是這種說法的最佳實例，正因為如此，才令有識之士憂心。

　　這便是我們——特別是站在一個出版者的立場——所要擔憂的問題：「經濟的富裕是否也使台灣人民的知識能力隨之提昇了？」答案

恐怕是不太樂觀的。正因為如此,像《文化手邊册》這樣的叢書才值得出版,也應該受到重視。蓋一個社會的「文化水平」既然可以從其成員的知識能力（廣而言之,還包括文藝涵養）上測知,而決定社會成員的知識能力及文藝涵養兩項至為重要的因素,厥為成員亦即民眾的閱讀習慣以及出版（書報雜誌）的質與量,這兩項因素雖互為影響,但顯然後者實居主動的角色,換言之,一個社會的出版事業發達與否,以及它在出版質量上的成績如何,間接影響到它的「文化水平」的表現。

　　那麼我們要繼續追問的是：我們的出版業究竟繳出了什麼樣的成績單？以圖書出版來講,我們到底出版了那些書？這個問題的答案恐怕如前一樣也不怎麼樂觀。近年來的圖書出版業,受到市場的影響,逐利風氣甚盛,出版量雖然年年爬昇,但出版的品質卻令人操心；有鑑於此,一些出版同業為了改善出版圖書的品質,進而提昇國人的知識能力,近幾年內前後也陸陸續續推出不少性屬「硬調」的理論叢

書。

這些理論叢書的出現，配合國內日益改革與開放的步調，的確令人一新耳目，亦有助於讀書風氣的改善。然而，細察這些「硬調」書籍的出版與流傳，其中存在著不少問題，首先，這些書絕大多數都屬「舶來品」，不是從歐美「進口」，便是自日本飄洋過海而來，換言之，這些書多半是西書的譯著。其次，這些書亦多屬「大部頭」著作，雖是經典名著，長篇累牘，則難以卒睹。由於不是國人的著作的關係，便會產生下列三種狀況：其一，譯筆式的行文，讀來頗有不暢之感，增加瞭解上的難度；其二，書中闡述的內容，來自於不同的歷史與文化背景，如果國人對西方（日本）的背景知識不夠的話，也會使閱讀的困難度增加不少；其三，書的選題不盡然切合本地讀者的需要，自然也難以引起適度的關注。至於長篇累牘的「大部頭」著作，則嚇走了原本有心一讀的讀者，更不適合作為提昇國人知識能力的敲門磚。

基於此故，始有《文化手邊冊》叢書出版

之議，希望藉此叢書的出版，能提昇國人的知
識能力，並改善淺薄的讀書風氣，而其初衷即
針對上述諸項缺失而發，一來這些書文字精簡
扼要，每本約在六至七萬字之間，不對一般讀
者形成龐大的閱讀壓力，期能以言簡意賅的寫
作方式，提綱挈領地將一門知識、一種概念或
某一現象（運動）介紹給國人，打開知識進階
的大門；二來叢書的選題乃依據國人的需要而
設計的，切合本地讀者的胃口，也兼顧到中西
不同背景的差異；三來這些書原則上均由本國
學者專家親自執筆，可避免譯筆的詰屈聱牙，
文字通曉流暢，可讀性高。更因為它以手冊型
的小開本方式推出，便於攜帶，可當案頭書讀，
可當床頭書看，亦可隨手攜帶瀏覽。從另一方
面看，《文化手邊冊》可以視為某類型的專業辭
典或百科全書式的分冊導讀。

　　我們不諱言這套集結國人心血結晶的叢書
本身所具備的使命感，企盼不管是有心還是無
心的讀者，都能來「一親她的芳澤」，進而藉此
提昇台灣社會的「文化水平」，在經濟長足發展

之餘，在生活條件改善之餘，在國民所得逐日上昇之餘，能因國人「文化水平」的提昇，而洗雪洋人對我們「富裕的貧窮」及「貪婪之島」之譏。無論如何，《文化手邊冊》是屬於你和我的。

孟樊
一九九三年二月於台北

序　言

　　從女權主義運動到女性主義批評，在西方
已有三十年的歷史。自八十年代中期以後，在
大量引進西方批評理論的基礎上，國內也出現
了女性文學和女性主義批評。毋庸諱言，國內
的女性主義批評直接得益於西方的同類著作。
然而值得注意的是，不論在規模上還是在深度
上，國內的女性主義批評目前仍有很大局限。
究其原因，主要有兩個方面的因素：一是在大
陸，從事批評實踐的女性主義批評家，大多在
大學中文系工作，或由中文系培養出來，缺乏
深入閱讀外文原著的能力，因而對西方女性主
義理論常常缺少充分理解，不能有效地進行借

鑒，只能靠自己的感悟進行實踐；在台灣，雖然情形略有不同，從事女性主義批評實踐的批評家，有不少人是大學外文系出身，卻從來未曾有人願意寫這類介紹性著作，嚴謹的論著只限於黌宮內流傳；二是在大陸，從事西方批評理論研究的學者，大多係外語系出身，對中國文學和批評實踐又缺乏足夠的瞭解，因而很少有效地針對國內具體情況提出自己的理論見解；在台灣，中文系出身的學者和女性主義理論的建樹「掛鈎」者甚少，限於外語能力，要全面釐清女性主義理論及批評的內涵，恐會遭遇一些困難。在這種情況下，兩方面的溝通至關重要。本書的主要目的，就是要透過描述西方的女性主義批評理論，將其最基本的東西提供給讀者，起到某種溝通作用。對一般讀者，也許還可以起到知識入門的作用。

　　如前所述，這本小冊子旨在介紹西方女性主義批評，故多採取描述的方式。雖然材料取捨難免帶有自己的主觀性（甚至自己的知識局限性），但基本上比較客觀，偶發議論也是為了

便於讀者理解。當然，由於篇幅所限，有些本該展開的地方未能充分展開，只能靠讀者閱讀專著進一步探索。至於未設專章討論台灣的女性主義批評，是本書最大的缺憾所在，希望台灣本地的學者專家能彌補此一缺點。

　　女性主義今天在西方仍然盛行，甚至有人說它是美國當前最有力量的三大文化思潮之一（另兩種是新歷史主義和後現代主義）。它影響到多種學科，如文學、哲學、政治學、社會學、歷史學、人類學等等，並在它的影響下出現了一些新的文化理論，如「少數話語理論」(Theory of Minority Discourse)就直接得益於女性主義理論。有鑒於此，了解女性主義批評和理論不僅有助於增加知識，發展自己的文學批評和理論，也有助於促進世界的文化交流，推動自己的文化事業。本書若能拋磚引玉，對這種了解產生一點促進作用，余願足矣。

王逢振

目　　錄

第一章
女性主義形成的
背景：女權主義運動

　　六十年代中後期，世界上出現了嚴重動盪的局勢：中國爆發了「文化大革命」，越南戰爭激化，（前）蘇聯出兵布拉格，北愛爾蘭掀起民權運動，法國學生運動震撼了政府，以色列佔領西奈半島和加薩地帶，約旦經歷了「黑暗的九月」，加拿大發生了魁北克的「十月危機」，美國大規模的反越南示威和學生運動不斷高漲……與此同時，西方也出現了不斷發展的婦女解放運動。由於時勢的影響，婦女運動開始時的主張十分激進，且多與政治相關，因此被稱爲「激進的女權主義」。後來，尤其到七十年代中期，隨著婦女運動的壯大和不同階層婦女的

介入，其主張發生了重大變化，開始與文化和思想意識聯繫起來，逐漸形成了「文化的女權主義」，波及到文化的各個領域（自然也包括文學）。不過，不論激進的女權主義還是文化的女權主義，都不代表整個女權主義運動。女權主義運動是個非常複雜的社會現象，有左、中、右之分，亦有社會地域之分，很難一概而論。

　　女權運動初期，激進的女權主義者認為，婦女應該徹底改變現存的世界。她們要求建立「姐妹關係」，以「姐妹關係」為基礎擺脫男權制的權力關係，在平等的基礎上進行合作，共享社會所創造的一切財富。根據「姐妹關係」，婦女應該拒絕家庭主婦的工作；她們認為那是造成岐視婦女的主要原因。她們指出，廚房是婦女的「奴隸船」，家庭是婦女的「種植園」；如果婦女想解放自己，必須擺脫家務勞動。激進的女權主義者還反對生物學宿命論的觀點，對女不如男的思想進行猛烈的抨擊；她們將性別的價值顛倒過來，甚至認為婦女在人類社會中比男人更加重要。她們把社會上的不公正和

剝削壓迫，歸因於男女之間的性別對抗，而且主要歸因於男性對女性的壓迫。因此，激進女權主義者鼓勵婦女聯合起來，自己決定自己的命運。她們讚美那些被人視為嬌弱溫柔的品行，宣稱那些品行是一種外柔內剛的堅強力量。她們否認婦女在社會中處於被動地位，反對婦女在兩性生活中的「客體」狀況，主張婦女控制自己的身體和性生活，鼓勵婦女結束在家庭中以男人為中心的奴役以及對男人的依賴。她們宣稱：她們探討婦女解放之後要成為什麼樣的人。

如果要實現這一時期女權主義者的要求和目標，她們就需要在許多方面進行鬥爭。這就決定了她們不可能有什麼統一的戰略。事實上，這一時期的女權主義者經常在改變社會的烏托邦思想和日常生活實際之間搖擺動盪。她們常常過分強調意識的作用，彷彿奴役和不平等是一種精神條件，只要憑意志行事便可以改變：如果婦女願意，就可以停止男人的壓迫，就可以按照自己的標準培養孩子，就可以走出

家門使生活「革命化」。不錯,有些婦女的確可以
這樣做,她們只要願意就能改變自己的生活;
但對千百萬婦女而言,一般都不具備這種條
件。她們要改變生活,不可能不涉及到物質條
件;而當提出物質條件時,女權主義的選擇就
變成了經濟制度的結構問題,而不僅僅是提高
婦女地位和權力的問題。於是激進的女權主義
便與激進的政治聯繫起來。

　　激進女權主義提出了婦女平等和婦女解放
的問題,使性別政治作爲一個社會問題得到了
廣泛承認;它所經常使用的詞語,如「姐妹關
係」、「個人即政治」、「提高意識」等等,後來
也融進了大衆文化。可以毫不誇張地說,激進
女權主義導致了婦女意識的改變,激發了千百
萬婦女的熱情。

　　然而,到 1975 年,激進女權主義便逐漸被
文化女權主義代替。也就是說,女權主義的基
本目標變成了把婦女從所謂「男性價值」的重
壓下解放出來,根據「女性價值」創造一種替
代性的文化。文化女權主義本質上是一種道德

的、反主流文化的運動，其目的是改變婦女的
形象，否認那種反對男女性別價值的思想是婦
女鬥爭的基本思想。文化女權主義雖然由激進
女權主義發展演變而來，但兩種傾向的前提是
對立的，因爲後者是以結束社會和經濟生活各
個領域的大男人主義的政治運動開始的。

　　爲什麼會出現這種情況？這是因爲女權主
義必須與西方社會制度的力量和意識形態的力
量進行鬥爭，這兩種力量一方面把激進的女權
主義引向改良，一方面又使它追求「解放了的
婦女」的個人形象。

　　七十年代後期，文化女權主義轉向對心理
矛盾的探討，強調性暴力的現實是一種性力的
經驗，認爲一切性行爲都是「強姦活動」的某
種延伸，並由此出發，認爲性的暴力是男權主
義的本質和目的，所以也是女權主義主要關心
的問題。於是文化女權主義的重點轉向了大衆
傳播媒體和色情作品中的性暴力問題，對此類
作品中的男權思想乃至其男性作者進行抨擊。

　　女權主義運動的形成和發展，在文學界產

生了重大影響，並最終導致了女性主義的文學
批評。下面讓我們先概略掃瞄一下女權主義運
動與文學關係。

第二章
女權主義運動與文學

　　六十年代以後，隨著女權運動的發展，關於女權主義的論辯性著作開始激增，出現了一大批嚴肅的文學作品和學術著作。這些著作把婦女的生活作為一個特殊領域，從中觀察社會和文化規範的變化對人類行為的影響，證實了婦女的要求、觀察和判斷具有獨特的重要性。於是婦女問題在文學中受到注意，婦女的思想行為受到嚴肅認真的對待，而這種態度反過來又增強了婦女的信心，擴大了她們的研究領域和文學活動範圍。因此婦女寫作或描寫婦女作品的範圍及其嚴肅性，都發生了較大的變化。

　　女權主義者的種種主張、她們闡述這些主

張時對婦女本身經驗的揭示，以及她們所進行
的一系列有組織的活動，使婦女生活中有更多
的東西進入了文學作品，並且使作家們重新考
慮傳統的性別價值觀念，激發起一種新的文學
思想結構。這種變化在具體文學作品中是不難
發現的，例如葉慈在《萊達與天鵝》裏所寫的
萊達是被征服了的：

> 這些受驚的猶豫的手指怎能把
> 毛茸茸的天賜之福從她正在敞開的大
> 腿下推開？

而莫納・范・杜恩在《萊達重思》(1970)
裏則寫這個女人能預言未來，想像出其他人眼
裏的現實：

> 她有一點考慮的時間
> 他跨出了水面……
> 她在陽光下坐在那裏……
> 看著他走來，
> 試圖設身處地

> 以雄天鵝的眼光，去看
>
> 他看見了什麼東西……

爲了看他所見到的東西，她就朝自己打量，於是發現了一個對生活有「全局感」的女人。她以自己的存在和情感考慮所發生的事件：

> 她等著他，那麼平靜，
>
> 於是他向她走來，也那麼平靜，
>
> 幾乎是小心翼翼了，
>
> 不要去踩著她。
>
> ……
>
> 她的手伸到他的胸膛，
>
> 在濃密的羽毛裏觸摸，
>
> 那個完全不相識的人。

范‧杜恩所表現的潛在意義，很可以理解爲是對女性觀念的變化。

　　七十年代，隨著女權運動的深入發展，西方對傳統的婚姻進行了重新評價，包括從多方面進行考察，如婚姻關係可能破裂、離婚率增

加、婚姻可能變成一場性別鬥爭、婚姻可能不
再被視爲正常生活不可避免或不可缺少的部
分、婚姻和自我之間可能發生矛盾等等。婦女
試圖脫離婚姻的羈絆而獨立，但同時又可能感
到孤獨。激進的女權主義者認爲應該把「男人」
看作「敵人」，認爲一切「壞事」皆由男人而發。
可是獨立自由帶來的寂寞又作何解釋？於是就
出現了一種以新的方式和新的角度來觀察婚姻
關係的文學作品。這種作品有的寫對舊關係的
維護，有的寫婦女新的地位，有的寫生活細節，
也有的寫抽象的抱負；但最主要的是兩種因素
發生作用：一種是從婦女的生活和工作中去發
掘某種意義，如認爲家務勞動是再生產的方
式，應得到工資補償；另一種是要求建立評價
婦女生活及其目的的新標準（如感情關係中女
性的地位），以期解釋並指導人類的種種行爲。
一般來說，這種作品對過去充滿憤慨，但對未
來卻充滿希望，有力地激發人們去設想種種新
的體系和制度。例如艾麗絲‧沃克的《紫色》，
她寫祖母既受到種族歧視，又受到白人男人和

黑人男人的雙重壓迫，表現了作者對過去的憤恨和強烈的女權主義觀點；但作品結尾她為祖母安排了一個想像的美好結局，表現出她對未來又充滿希望。

簡單說，女權主義運動對文學帶來了兩種突出的影響：女權主義的新意識影響了作家、特別是女作家的創作意識；這種新意識以及女權主義的活動拓寬了婦女生活的題材。對於這樣的文學作品，如果不考慮背景條件，不論批評家還是讀者都會感到困難。如果一個人站在純文學批評的立場上，不理解這類作品的時代和效果的聯繫，他就很難成功地評價這類作品。於是便出現了根據女權主義意識來評價作品的文學批評。這種批評的實際運用和發展，逐漸形成了女性主義的文學批評。

古往今來，婦女作家和婦女讀者，一般都不得不與眾不同。亞里斯多德聲稱，婦女之所以是婦女，是因為她們缺少某些品質。聖托馬斯・阿奎納認為，女人是不完善的男人。英國詩人多恩寫《空氣和安琪兒》時，也間接地提

到阿奎納的理論，即認為形式是男性的，物質
是女性的；優越如神的男性理智，將它的形式
壓印在柔順的、無自動力的、女性的物質上面。
在孟德爾之前，男人視他們的精子為活動的種
子，它們將形式賦予等待著的卵子，而卵子在
接受男性的效應之前，並沒有自己的個性特
徵。事實上，早在埃斯庫勒斯的《俄列斯特》
裏，雅典娜就讓阿波羅提出的男性觀獲得了勝
利——母親不是她孩子的雙親之一。這就等於
說，男性理智原則的勝利，結束了肉感女性的
復仇女神的統治，確立了男權制的統治地位。
這種男尊女卑的文化傳統一直延續到今天，女
性主義的強大力量，正是在反對這種文化傳統
中表現出來的。

第三章
女權主義、婦女和女性

　　爲了說明女性主義批評中的關鍵問題，我們必須首先弄淸女權主義、婦女和女性三者之間的差別。

　　女權主義指一種政治觀點，也可以說是一種政治「標籤」，意思是贊同並支持六十年代後期新婦女運動所提的目標。因此女權主義是一種特定的政治話語，它贊同並支持反對男權統治和性別歧視的鬥爭，而不只是關心文學中的性別問題。由於女權主義的這種政治性質，女權主義者可以採用種種不同的批評方法；她們認爲，不論什麼方法或理論，只要適合女權主義的政治主張，無一不可應用。當然，女權主

義陣營內部存在著不同的政治觀點，但她們認
為沒有必要把這些分歧統一起來。她們聲稱，
所有承認自己是女權主義的批評和理論，都必
須與兩性之間的社會或個人的權力關係聯繫起
來。這就是性的或性別的政治。政治的實質是
權力問題。因此女權主義批評家和理論家的主
要任務，就是揭示男人對婦女的壓迫和統治，
它如何構成文化中普遍存在的意識形態，以及
它如何推行其最基本的權力觀念。

　　在堅持這樣做的過程中，女權主義者將現
行的批評方法政治化了，並以此為基礎，逐漸
演變成文學研究的一個新的分支。女權主義者
發現，她們處於與其他一些激進批評家相似的
地位：她們處於學術機構的外圍，從邊緣化的
立場講話；她們極力說明所謂「中性」或「客
觀」作品中的政治，在「批評家」一詞最廣泛
的意義上充當文化批評家的角色。就文學方法
和理論的選擇而言，在某種意義上她們是寬容
的多元論者。因為在她們看來，不論什麼樣的
方式，只要能成功地應用於她們的政治目的，

她們都可以接受。

　　其實，只要女權主義者堅持男權統治的普遍性，她們就必然是多元論者。因為，既然男權普遍存在，就不能有純屬女權主義或婦女的空間。一切思想，包括女權主義思想，無一例外地都要受到男權意識形態的影響。例如西蒙‧德‧波娃(Simone de Beauvoir)寫《第二性》(*The Second Sex*, 1949)時，就受到薩特的男性性徵中心思想的影響。問題不在於某種思想的始源，而在於它的實際運用和效果。也就是說，關鍵不是某種理論首先由男人或女人提出，而是在既定的環境裏它的效果是否有性別歧視或女權主義的特徵。因此真正重要的是，透過創造性地運用某些素材，是不是會產生可以承認的女權主義效果。

　　實際上，為了自己的政治目的而借用別人的思想和理論，在歷史上屢見不鮮，在女權主義批評家中間也不乏實例。例如，法國的埃萊娜‧西蘇(Hélène Cixous)借用了雅克‧德希達的哲學，美國的桑德拉‧吉爾伯特(Sandra

Gibert)和蘇珊‧顧芭(Susan Gubar)借用了哈羅德‧布魯姆(Harold Bloom)的文學理論,還有更多的人借用佛洛伊德的精神分析和雅克‧拉岡(Jacques　Lacan)的心理學來解釋性別的差異,說明男權制社會的性別構成。

　　如果說「女權主義」是政治性的,女權主義批評旨在支持反對男權制和性別歧視的鬥爭,那麼作爲婦女並不一定要採取女權主義的方式。這就是說,「女權主義」和「婦女」的概念不應混爲一談。女權主義批評作爲一種政治話語,其存在的理由和目的都源於批評本身之外。但必須說明,並非一切由婦女寫的論婦女作家的著作,都可以成爲反對男權思想的例證。對於六十年代以前許多論婦女作家的早期作品,這一點尤其眞實,因爲在那些作品裏,作者常常滿足於發現女權主義者所反對的男權制的原型,而不是對男權制進行批判或對性別歧視進行鬥爭。因此,文學或文學批評裏的某種婦女傳統,並不一定就是女權主義傳統。正如羅莎琳‧考沃德(Rosalind　Coward)所指

出的，「絕不能說以婦女為中心的著作必然與女權主義相關。以婦女為中心的小說絕非一種新的現象。『米爾思和布恩』（Mills and Boon———一家出版商）出版的浪漫小說由婦女所寫，被婦女閱讀，為婦女銷售，一切都與婦女相關；然而，以性、種族和階級服從為基礎的幻想，卻常常構成這些小說的特徵，它們最最脫離女權主義的目的。」

那麼，為什麼經常有人將「女權主義的」文本與「婦女的」文本混為一談呢？這是因為，在這種混淆背後，隱蔽著一個由假想構成的複雜的交織網。例如，人們常常設想，描寫專屬婦女的經驗本身就是一種女權主義行為。單從一方面看，這無疑是正確的：既然男權制總是壓制婦女並抹殺婦女的經驗，那麼使人了解或認識這種經驗，當然是一種反男權制的重要策略。但另一方面，婦女的經驗並不一定能充分地、真實地表現出來，它們很可能是異化了的，甚至可能通過欺騙性的、低下的方式表現出來，例如「米爾斯和布恩」對女性愛的解釋，

安妮塔‧布萊恩特(Anita Bryant)對異性愛和母性的讚嘆，本身都不是為了婦女的解放，而是崇尚一種賢淑的、克己屈從的道德精神。因此，把婦女經驗當作女權主義政治的本質，顯然是一種錯誤。這種錯誤產生於婦女運動的早期，當時強調提高婦女意識是重要的政治基礎。但基於「典型經驗」觀念的提高意識，本身不可能構成一種政治基礎，因為任何一種經驗都可能引起矛盾的政治解釋。

事實上，共同的婦女經驗本身並不形成對婦女處境的女權主義分析。一個人與他人有共同的經驗，並不一定就與他人結成共同的政治陣線。例如千百萬經受日本侵略戰爭苦難的中國人，並不一定都變成和平主義者；同樣經受封建統治的人，也不一定都能成為反封建的戰士。對婦女來說，結婚、生孩子和陣痛的經驗並非人人都有，似乎也不可能由此激起一種政治解放的願望。因此，儘管女權主義重視反男權的經驗並受其影響，但作為一種政治性的理論，它不可能只是那種經驗的反映或結果。

　　當然，女權主義批評家大多評論婦女作家
和她們的作品是個不容忽視的事實。但這只能
是一種重要的政治選擇，而不是對女權主義批
評的一種界定。女權主義批評相對統一的原
因，不在於它的對象，而在於它的政治觀點。
女權主義批評家完全可以評論男作家的作品。
事實上，自六十年代以來，不少女權主義者都
這樣做過。例如，凱特・米蕾（Kate　Millett）
在《性政治》（*Sexual　Politics*, 1969）裏論述
了諾曼・梅勒、亨利・米勒和D・H・勞倫斯等
男性作家，揭露他們作品中所表現的性別歧
視；潘妮・勃美拉（Penny　Boumelha）在《托
馬斯・哈代和婦女》（1982）裏，也分析了哈代
的性意識形態。

　　如果「女權主義」和「婦女」的混淆是政
治上的差錯，那麼把「女性」納入「婦女」（或
「女人」）範疇也會產生類似的後果。長期以
來，許多女權主義者習慣於用「女性」來表示
「社會構成」，即文化和社會標準所造成的性
別特徵和行為模式，用「婦女」（或「女人」）

和「男人」來表示純生物學方面的性別差異。這樣,「女性」便指文化修養,「婦女」指自然本性。「女性」是一種文化構成,一個人不是生就的女性,而是後來變成了女性。從這種觀點出發,男權壓迫包括把某些社會的女性標準強加於生物性的女人,從而使人們相信那些女性標準是「自然的」。於是不符合這些標準的女人,便被稱作「非女性的」或「不自然的」。「女性」和「婦女」這兩個術語的混淆,正是在男權制的影響下形成的。換言之,男權制要人們相信存在某種婦女的本質──「女性」。因此,女權主義者必然要澄清這種混淆,明確婦女雖都是婦女,卻不一定都具有「女性」。

不過,儼如女權主義是政治觀點,婦女或女人是生物學的區分,那麼如何解釋或界定「女性」仍然是一個問題。如果說「女性」只是一些從文化上限定的特徵或「一種文化的構成」,這仍然顯得模糊,許多人會感到不滿。因為按照這種說法,許多內容都可以囊括進來,不像是個確切的定義。然而,問題也許是女權主義

不能或不願意完全固定「女性」的含義。因為，男權制的文化傳統已經發展了一套「女性」的特徵，如溫柔、怯弱、謙卑、順從等等，如果女權主義者再發展一套「女性」的品德，即使她們確實想規範地限定「女性」，恐怕也只是變成超驗性的二元對立中的一個方面。再說，如果將女權主義的「女性」觀念規範化，它很可能會把這種定義變成關於整個婦女的定義，陷進另一種男權制的陷阱。因為，即使婦女確實像女權主義者所說的那樣，是有力的、統一的、有教養的和富於創造性的，那麼這種過多的新的美德同樣是實在論的，對所有那些不想扮演「大地母親」角色的婦女，同樣是壓迫性的。畢竟是男權主義而不是女權主義一直在相信婦女—女性的品質：在賦與婦女以女性美德的背後，總潛存著某種程度的生物論和實在論，而這些總是對男權制更加有利。

　　根據以上關於女權主義、婦女和女性的區分，當前西方女權主義批評理論可以分為兩個主要範疇：「婦女批評」和「女性理論」。「婦

女批評」指以某種方式集中於婦女的批評，可
以按照它是不是女權主義的，是否以婦女指女
權主義，或者是否將婦女與女性混同，來對它
進行研究和分析。不注重從政治上研究婦女作
家，其本身就不是女權主義的，而很可能只是
將婦女變爲一種客體的方式。然而應該指出的
是，在男人統治的環境裏，只要對婦女作家的
作品產生興趣，就會被客觀地認爲是對女權主
義事業的支持，因爲它畢竟會引起對婦女的注
意。當然，也存在明顯帶有性別歧視的婦女研
究，而這種研究絕不會被視爲是對女權主義事
業的支持。因此，一個人可能是婦女批評家，
但不一定是女權主義批評家。

　　不過，在女權主義批評領域裏，大多數重
視「婦女」的批評家，似乎都採取女權主義的
觀點。因此，美國女權主義批評家伊萊恩·蕭
華特(Elaine Showalter)提出要區分兩種不
同的批評：一種是「女權主義批評」，關注作爲
讀者的婦女；另一種是「女性批評」，論述作爲
作家的婦女。蕭華特認爲，第一種雖然也論述

男性作者的作品，但在批評中仍側重於婦女，
因為它一般要由婦女來實現，而婦女的「婦女
觀點」一般都以「婦女的經驗」為根據，使她
們能夠看穿男性作者歧視婦女的種種表現。應
該說，蕭華特的看法有助於區分早期以「婦女
形象」為主的批評和後期以「婦女」為中心的
批評。但她在「女權主義批評」裏把「婦女」
和「女權主義」合併起來卻未免有些過於籠統。

　　不過，蕭華特並沒有將「婦女」和「女權
主義」混為一談，因為她提出的「女性批評」
要求完全集中於婦女的寫作。在「女性批評」
裏，她更以經驗為根據。她認為，「女性批評」
應該說明婦女寫作的每一個方面，如作品的歷
史、題材、風格、結構，以及婦女的創作心理
等，同時還應該提供對具體作家作品的研究。
在她看來，論述婦女作家本身就是一種女權主
義行為，至少在男權制的統治下這是個基本事
實。但是，蕭華特並不認為所研究的婦女作家
一定是女權主義者。對她來說，認識婦女的創
造性的「黑暗的大陸」，比發現前輩作品中所反

映的政治觀點更加重要。

　　就其最簡單的定義而言,「女性理論」指的
是關於女性構成的理論。從女權主義的觀點出
發,這思想也有問題,因為它很容易受到生物
論的攻擊,且常常不知不覺地轉變成關於婦女
本質的理論。另外,這種理論中最堅定的「構
成論者」,很可能並不是女權主義者。例如佛洛
伊德的著作說明了一種理論構成,雖然不是女
權主義的,但卻提供了關於性別差異的非實在
論的分析基礎。雖然精神分析仍須根據女權主
義的目的加以改造,但女權主義確實需要一種
關於性和欲望的非實在論的理論,才能達到對
性別之間權力關係的理解。事實上,有些女權
主義者已經肯定地提出:佛洛伊德並不認為性
特徵是一種天生的、生物學的本質;他的精神
分析實際上把性特徵視為一種不穩定的主體的
情境,是在幼兒進入人類社會的過程中透過文
化和社會構成的。

　　綜上所述,我們可以說「婦女」這個術語
一般用於婦女的寫作,不涉及寫作的性質;「女

權主義」一般用於反男權制和反性別歧視的寫作；而「女性」則用於被統治性的「社會／語言秩序」推到邊緣或邊緣化了的寫作。不過「婦女」、「女權主義」和「女性」都不是本質的東西，它們是讀者或批評家進行運作的一些範疇，是批評運作中一些抽象的概念。

第四章
女性主義批評理論
及其主要類型

　　理論本身是個複雜的概念。理論一旦形
成，就變成了一種定式，因而會不斷面臨各種
各樣的挑戰。有些女權主義者根本不願意信奉
理論。這有多種原因。在西方學術機構裏，理
論常常是男性的，甚至是強化了的男性的。可
以說，理論在文學研究中是困難的、理性的前
衛派。一般認爲，男人的嚴密謹愼、勇於進取
和雄心勃勃的特徵，更容易適應理論，而不易
適應常常顯得微妙的批評解釋藝術。因此女權
主義者經常揭露男性科學中虛僞的客觀性。例
如，她們常常抨擊佛洛伊德的理論，因爲它表
現出明顯的性別歧視，認爲女性的特徵由羨慕

男性生殖器決定。在這種情況下，大量女權主
義批評都試圖迴避理論的「固定性和確定性」，
希望發展一種女性的話語，從觀念上擺脫公認
的理論傳統，因為公認的理論傳統一般都產生
於男性。

　　不過，如前所述，為了達到自己的目的，
女權主義者也經常借用男性提出的理論，例如
她們很多人偏愛拉岡和德希達的後結構主義理
論。她們認為，後結構主義不再維護「男性」
的權威或真理，有助於她們的事業（實際上後
結構主義否認一切權威）。關於本能動機的精
神分析理論，事實上也有助於女權主義批評家
的論述。她們曾根據這種理論，系統地闡述婦
女作家和批評家對男性統治的文學價值所做的
無明顯形式的破壞性反抗。當然，有些女權主
義者也曾運用一些缺乏理論根據的女性反抗的
策略。

　　西蒙・德・波娃在《第二性》（1949）裏曾
非常明確地提出現代女性主義的基本問題。她
指出，當一個婦女想說明自己時，她一開始會

說「我是個女人」，但沒有任何男人會這樣做。
這個事實說明，「男性」和「女性」這兩個術語，
從根本上講是不對稱的。在英文裏，「man」（男
人）可以指所有的人，而「woman」（女人）
則沒有這樣的含義；一個男人在說明自己時，
只需說「I am a man」（我是個男人），「男人」
和「人」等同，而一個婦女想說明自己則必須
說「I am a woman」（我是個女人），因爲「女
人」不能和「人」等同（漢語裏也有類似的情
況，例如「他們」可以指男性複數也可以指男
女複數，而「她們」則只能指女性複數）。這種
不平衡在西方可以追溯到《舊約全書》。由於婦
女分散在男人中間，她們沒有獨立的歷史，沒
有自然的統一性，也沒有像其他被壓迫群體那
樣聯合起來。婦女與男人處於一種不平等的關
係之中，男人爲主，女人爲次，或者說男性第
一，女性第二。男人的優勢造成了一種婦女屈
從的意識形態：立法者、牧師、哲學家、作家
和科學家，都極力說明婦女的從屬地位乃上天
的意志，並認爲婦女的這種地位對人類社會有

利。德・波娃旁徵博引地論證她的觀點後指出，由於男人相信女人天生低下，所以才形成婦女次要和應該受壓的觀念。雖然人們常常談論抽象的「平等」概念，但若要求真正的平等卻會遭到反對。所以婦女本身（而不是同情婦女的男人）最能說明女性特徵是否能真正存在。

在大多數對性差異的討論裏，似乎主要集中在五個方面：生物學方面、經驗感受方面、話語方面、潛意識方面，以及社會經濟條件方面。

從生物學出發而無視社會生活的觀點，一般為男人所運用，其目的在於維持婦女的「女性」地位。所謂「婦女只不過是個子宮」的說法充分概括了這種態度。換言之，如果一個婦女的身體是她的命運，那麼一切懷疑歸之於性的作用的企圖都將違背自然的秩序。另外，有些激進的女權主義者也讚嘆婦女的生物學特徵，她們認為那些特徵恰恰證明婦女優越而絕不是低下，那些特徵是她們的力量的源泉。但是，任何為婦女辯護的報端論證，都離不開其

對立面男性的觀點，最終都有陷進男性沙文主
義觀點的危險。

　　同樣，那些訴諸於婦女的特殊經驗，認爲
它們是生活和藝術中女性價值的源泉的人，也
有可能陷入這種危險。她們一般是偏激的女性
主義者。她們認爲，既然只有婦女才經歷那些
女人特有的生活經驗，如排卵、行經、分娩等，
那麼也只有她們才能談論婦女的生活，才能在
文學作品中表達婦女的眞切感受。她們相信，
婦女的經驗包含一種不同的感性生活和情感生
活，觀察事物的方式與男人不同，她們對事物
有著不同的看法和感覺，如男人覺得無所謂的
一些瑣事她們會覺得非常重要。這些差異在婦
女著作裏會體現出來，研究這些差異的文學表
現便稱之爲「女性文學批評」。

　　第三個方面「話語」十分重要，它已經引
起女性主義者巨大的關注。例如達爾・斯賓塞
(Dale　Spenser)的著作《男人製造的語言》
(*Man-Made　Language*)，書名本身就提出了
這一論題。斯賓塞認爲，婦女所受的壓迫，基

本上是一種以男性爲中心的語言的壓迫。這顯然受了米歇爾・傅科（Michel Foucault）「話語／權力」理論的影響。斯賓塞指出，如果人們接受傅科的觀點，承認「眞理」取決於誰控制語言，那麼就有理由相信，男人在傳統上對話語的支配已經使婦女陷進了一種男性的「眞理」。因此，從這種觀點出發，婦女作家與男人爭奪對語言的控制，而不僅僅滿足於有限的女性語言，便具有非常重要的意義。

　　但事情並非如此簡單。由於考慮問題的出發點不同，依據的理論不同，不同的人會有不同的看法。例如社會語言學家羅賓・拉考夫（Robin Lakoff）便持與斯賓塞相反的觀點。拉考夫認爲，婦女的語言事實上是低劣的，因爲它包含著「軟弱」和「不確定」的範式，集中於「瑣碎的」、「輕浮的」和「不甚嚴肅的」事物，過多地強調個人的情感反應。拉考夫指出，不能否認「男人說的話更有力量」這個事實，婦女要想在社會上與男人平等，不是以自己的女性話語去與男性話語競爭，而是應採用並吸

收男人的話語。其實，大多數激進的女性主義者都認爲，婦女已經被強行灌輸了男權制的意識形態，在意識深處已經形成了男強女弱的原始心理。不過，不論哪種觀點，從話語入手考察男性對女性的壓迫都不失爲一種重要的方法。

　　第四個方面主要指潛意識或潛意識的過程，雖然與話語理論密切相關，但更主要的是側重於精神分析。根據雅克・拉岡的理論，有些女性主義者完全脫離生物論，將「女性」與潛意識過程聯繫起來，認爲這些過程會暗中破壞「男性」話語的權威。她們相信，凡是能任意發揮意義的情況，全部可以歸之爲「女性的」；「女性」的特徵是革命的、破壞的、異質的、開放的。這實際上等於對「女性」的特徵不作任何限定，因爲這種方式既不會有什麼範圍的限制，也不會有什麼原型化的危險。換種方式說，她們認爲「女性」的原則類似潛意識的過程，處於男性對女性的限定之外。

　　最後一個方面——社會經濟條件或社會學

方面，相對來說比較容易理解。一般認爲英國
女權主義者更注意從這方面進行分析。最早將
這方面納入對婦女作品分析的是弗吉尼亞・吳
爾芙(Virginia Woolf)。自她以後，一些女性
主義者，尤其是馬克思主義女性主義批評家，
一直想把不斷變化的社會經濟狀況與兩性間力
量平衡的變化聯繫起來。她們也同意其他一些
女權主義者的觀點，但不承認有一種普遍的「女
性」，認爲「女性」的構成與社會經濟地位相關，
頗似《紅樓夢》裏「賈府裏的焦大絕不會愛林
妹妹」的分析。

　　上述五個方面側重點各不相同，但仍然同
屬女性主義的批評範疇。這是因爲它們有一個
共同的三重性信念：揭露男權制的前提和偏
見；推進對婦女作家及作品的重新發現和重新
評價；詳細研究文學和文學批評的社會文化語
境。當然，五個方面所包含的「三重性」的比
例是不同的。一般說來，女性主義文學批評更
多地集中於屬性而非性別，更多地集中於社會
和心理因素而非純生物學的因素。

與三重性的信念相呼應，女性主義批評在第一階段主要抨擊男性的性別歧視，在第二階段主要研究婦女作家及其作品，在第三階段則集中於文學的、批評的、心理社會學的和文化的理論。

從七十年代以來，女性主義批評在政治上和方法論上都表現出巨大的差異和分歧，就文學而言，一般認為有以下一些主要類型：

1.社會女性主義，其興趣集中於婦女在社會中的作用，強調研究文學作品中描寫或表現婦女的方式，或者說研究「婦女的形象」。

2.符號學女性主義，其根據是符號學理論，主張研究女性的代碼和分類，透過符號學的表達來確定婦女在文學和社會中的地位和作用。這實質上也是一種語言學的方法。

3.心理學女性主義，它由佛洛伊德和拉岡的理論發展而形成，主張一種不受男性標準和範疇限制的女性性徵，考察文學作品中女性欲望的潛意識表現，探索女性欲望受壓制的情況。

4.馬克思主義女性主義，它更關心婦女受壓迫的情況，強調社會經濟條件的決定作用，對文學作品中女性形象的分析類似於對工人階級的分析。

5.社會—符號—心理—馬克思主義的女性主義，它實際是前四種的混合，有時是這種，有時是那種，企圖將四種綜合起來，但尚未形成一種統一的理論觀念。

6.女性同性愛的女性主義，它提出一種「肉體的」寫作理論，探索性特徵與文本特徵之間的聯繫，以陰唇爲獨特的女性寫作的源泉，反對流行的以男性生殖器爲中心的寫作神話。

7.黑人女性主義，其根據是——黑人婦女受多重壓迫：在白人至上的社會裏受白人壓迫，在家族社會裏受男人壓迫，在資本主義社會裏作爲工人受資本家壓迫，受白人男人壓迫也受黑人男人壓迫，而且還受白人婦女的壓迫。她們對只關心中產階級白人婦女的女權主義深感不滿，因此提出以黑人婦女爲出發點的理論設想和審美觀念。這種女性主義在美國已

形成一股重要力量。

　　上述幾種女性主義在西方文學批評中都有一定地位。它們的同時存在表明，女性主義不是一個看法統一的概念，而是一個多分支的思想潮流，具有明顯的多元化特徵。

第五章
政治的女性主義

　　不少女性主義者認爲，凱特・米蕾(Kate
Millett)的《性政治》(*Sexual Politics*, 1970)
是一部劃時代的作品，她們甚至稱這部著作使
現代女性主義達到了一個重要階級。在《性政
治》裏，米蕾用「父權制」(patriarchy)來說明
婦女受壓迫的原因。「父權制」的本質是男性統
治（父親的統治），使女性屈從或從屬於男性，
或者視女性爲有缺陷的男性。也就是說，在文
明和家庭生活裏，權力直接或間接地被用來約
束或壓制婦女。米蕾認爲，儘管西方民主有所
發展，但婦女仍然受著一種性別模式系統的壓
迫，她們從一開始就屈從於這個系統。她借用

了社會學的方法，對「性別」（sex）和「性」（gender）作了重要區分：「性別」是從生物學上決定的；而「性」是個心理學概念，指從文化上所獲得的性的同一性。這從不同社會歸於男人和女人的特徵不同的事實可以確證。但是，對於社會學家把婦女在文化中形成的「女性」特徵視爲自然而然的看法，米蕾並不贊同，她和其他一些女權主義者進行過猛烈的抨擊。她清楚地認識到，這種態度之所以在婦女和家庭意識裏長期存在，不僅有男人的原因，而且也有女人的原因。然而她堅定地認爲，不管怎樣，「性別」的作用在社會裏長期存在的實際狀況是壓迫性的。在支配和服從的不平等關係裏，「性別」作用的實現便是性的政治。

　　在現代女性主義的早期，文學批評一般都側重於政治方面的分析，表達對性別歧視的憤慨，力圖提高婦女對男人壓迫的「政治」意識。這種女性主義的批評頗似其他政治上的激進主義。例如，婦女作爲被壓迫的社會群體，可以與黑人或工人階級相提並論。雖然婦女不像黑

人那樣是個種族，也不像工人階級那樣是歷史
的產物，但在受壓迫方面，他們可以歸爲同一
個範疇。因此常有人說，在西方社會裏，最受
壓迫的就是黑人、工人階級和婦女。不僅如此，
關於每一個被壓迫群體的論述也都採取了類似
的形式：壓迫者通過意識形態（種族歧視、資
產階級思想或父權制）極力有意識地維持其無
限的壓迫；每一個被壓迫群體都千方百計地防
止其成員在文學作品或大衆傳播媒體中被歪
曲；每一個群體都進行某種「政治的」鬥爭，
以便提高被壓迫者的覺悟，使他們與壓迫者的
權力關係發生根本變化。在這種較原始的政治
理論裏，意識形態似乎成了單方面的統治工
具。因此米蕾認爲，意識形態彷彿是萬能的「陰
莖似的」棍棒，各個階級的男人都用它來敲打
婦女；在男人的心目中，婦女只能是軟弱的、
性被虐狂的。這種看法有其正確的一面，但它
忽視了「性」形成當中的潛意識心理過程，也
忽視了造成婦女受壓迫的社會經濟條件。

　　現在讓我們看看米蕾所說的「性政治」如

何與文學發生聯繫。首先，我們要注意兩種文
學現象：第一，文學價值和文學常規已經由男
人決定，因此婦女很可能常常以不適宜的形式
表達她們關心的問題，例如在敍事作品中，關
於冒險和愛情追求的發展，一般都有一種「男
性的」動因和目的性；第二，男性作家心目中
的讀者似乎永遠是男人。對於這種情況，大眾
文化裏的廣告提供了一些明顯相似的例子。例
如關於淋浴設備的電視廣告，一般都是個漂亮
的婦女，撩人地脫落浴巾，剛好讓（男性）觀
眾瞥見她裸露的軀體，這明顯地排斥了女性觀
眾。不過從這個例子裏可以清楚地看出，女性
觀眾很可能也會以「合作」的態度排斥女性，
她們也會像男人那樣觀看廣告。推而廣之，如
果把電視廣告改成文學作品，那麼婦女讀者也
會以同樣的方式潛意識地像男人那樣閱讀。針
對這種情況，米蕾在《性政治》裏揭露了男性
小說中那些難以忍受的性描寫。她透過突出女
性讀者的觀點著重指出，在一些小說的性描寫
裏，男性統治的情況無處不在。她以爭辯的態

度集中論述了四位作家，D. H. 勞倫斯、亨利‧
米勒、諾曼‧梅勒和讓‧熱奈特，並重點討論
了大男人主義和性的暴力。她說亨利‧米勒的
小說帶有唯男性的情調，用男性詞語將高尚行
爲歸於男性；並說諾愛‧梅勒的小說《一場美
國夢》(*The American Dream*)的主要情節
——羅傑克先殺死了他的妻子，然後強姦了魯
塔——是「以謀殺和強姦的方式」對婦女發動
的「一場戰爭」。顯然，米蕾有力地批判了男權
文化；但有些女性主義者認爲，她所選擇的男
性作家缺乏代表性。還有些人指出，她對小說
裏潛在的顛覆破壞力量並沒有充分理解。例如
對熱奈特的《竊賊日記》，她忽略了其中深刻的
反常特徵，在小說所描寫的同性戀的世界裏，
她只看到了一種不明顯的女性屈從和墮落，同
性戀之間的控制和服從，只是被當成另一種壓
迫性的異性愛的模式。正因爲如此，諾愛‧梅
勒在《性的囚徒》(*The Prisoner of Sex*,
1971)裏才得以對她進行猛烈的攻擊；而且由
於她未能想到某些特殊段落的虛構語境，梅勒

在與她的論戰中還常常佔了上風。例如，米蕾認為男性作家因為自己的性別，必然在小說中再現真實世界裏壓迫性的「性政治」；而梅勒則認為，這種看法並不正確，也不符合事實，對於詹姆斯‧喬依斯那種關於女性性行為的描寫，它就無法正確地進行處理。事實上，不僅諾曼‧梅勒不同意米蕾的觀點，而且一些女性主義者也持有異議。她們認為米蕾對男性統治的看法失於片面，至少是單方面的，因為她把性別歧視的意識形態當成了普遍適用的一個整體，好像所有男性作家無一例外地都推行這種壓迫。

　　當然，也有人同意米蕾的觀點。例如舒拉密絲‧費爾斯通(Shulamith Firestone)就持相似的觀點。在《性的辯證》(*The Dialectic of Sex*, 1972)一書裏，費爾斯通也承認男性統治是基本的壓迫形式，在很大程度上獨立於其他社會和經濟形式的壓迫。她的理論目的是企圖以性別代替階級，將性別視為首位的歷史決定因素。也就是說，階級鬥爭本身乃是以生物學

爲基礎、以家庭爲單位的一種社會組織的結果。

不過，更多的人不同意米蕾和費爾斯通的觀點。例如米歇爾・巴蕾特(Michele Barrett)就曾指出，她們所使用的「男權制」的概念，實質上是一種沒有歷史根源和變化的普遍性統治。她們忽視了對男權制和資本主義的系統闡述，將一個複雜的過程簡單化了。事實上這個過程涉及到多種因素，包括以家庭爲單位的經濟組織和與之相應的「家庭意識形態」、經濟體制中的勞動分工、教育制度和教育現狀、以不同方式表現男人和女人的文化進程、性的同一性的本質，以及性行爲與生物學上再生產的關係的本質。

對文學中的「性」描寫，巴蕾特提出了一種馬克思主義女性主義的分析。首先，她讚揚弗吉尼亞・吳爾芙的唯物主義論點：男人和女人生產文學的物質條件不同，而不同的物質條件必然影響寫作的形式和內容。這就是說，關於「性」描寫的模式化問題，不可能脫離它們

在歷史上的物質條件；而所謂的婦女解放，也
不可能單靠文化裏的某些變化。其次，她認爲
「性」的意識形態會影響閱讀男女不同著作的
方式，也會影響到如何確定「傑作」的標準問
題。第三，她認爲女性主義批評家必須考慮文
學作品的虛構性，不能沉緬於「喋喋不休的說
教」，不能把作品中的性別歧視全部歸罪於男
性作家，也不能因爲婦女作家在作品中提出了
「性」的問題而盲目稱讚她們。巴蕾特還指出，
文本（作品）沒有固定的意義，解釋依賴於讀
者的具體境況和意識形態；但對從文化上解釋
「性」和界定「性」描寫的方式，婦女不僅能
夠而且應該盡可能保持她們的影響。

　　也許，正確的方法是將米蕾和巴蕾特的理
論有機地結合起來。

第六章
婦女寫作和女性批評家

　　婦女寫作與婦女文學不是同一個範疇。婦女寫的作品不一定是婦女文學，雖然婦女文學一定是婦女寫的。婦女文學是從婦女的內心世界描寫她們經歷的作品，其檢驗標準是看作品在描寫和評述這種經歷時，用的是既有個性又是婦女生活固有產物的話語，還是用的是男性的話語和評價標準。婦女寫作則不同。因為男權制傳統的影響在社會裏無處不在，已經形成的男性標準不僅是男人的文化背景，而且也是女人的文化背景，所以婦女完全可能用男性的標準成功地進行寫作。當然，用男性標準寫作的婦女仍然要作出某種調整，因為用他人的經

驗代替自己的經驗作爲文學創作的基礎，不可
能不影響到整個創作過程。

　　美國著名女性主義批評家伊萊恩・蕭華特
在她的《她們自己的文學》（*A　Literature of
Their　Own*, 1977）裏，從婦女經驗論的觀點出
發，考察了自白朗黛姊妹以來的英國婦女小說
家。她認爲，雖然沒有固定的或固有的女性性
徵或女性的想像，但在男性和女性寫作之間仍
然有著深刻的差別。然而男性批評家無視這種
差別，甚至完全忽視女性寫作的傳統：「失去
的女性傳統的大陸，像亞特蘭提斯島一樣，已
經從英語文學的海洋裏升起。」蕭華特把這種
女性傳統分爲三個階段：

　　1840—1880 年爲第一階段，包括伊麗莎
白・蓋斯凱爾和喬治・艾略特等人。在這個階
段，婦女作家模仿男性作家，並將居統治地位
的男性美學標準內在化了，所以她們不能不保
持一種貴婦或淑女的姿態。在她們的作品裏，
一般都描寫她們最熟悉的家庭生活或最接近的
社會圈子。她們羞於承認「純屬自己的」寫作

活動，甚至不願公開自己的作者身份，因此她們接受文學表現方面的某些限制，接受屬於男性寫作的某些常規，如一定要避免粗俗和色情之類的描寫。當時，在男性作家的小說裏，粗俗和色情是不可隨便出現的，例如哈代有爭議的作品《黛絲姑娘》，爲了表現女主人翁的性慾，他不得不利用含蓄的方式和詩的想像。

　　1880—1920 年爲第二階段，包括伊麗莎白・羅賓斯(Elizabeth Robins)和奧麗芙・史克林納(Olive Schreiner)等作家。這個時期婦女的寫作帶有激進的女權主義色彩，鼓吹亞馬遜族主張獨立的女勇士精神，或者說烏托邦精神，在作品中強調婦女參政和姐妹關係。這一時期婦女寫作在文學上建樹不多，對後來的文學批評也沒有產生大的影響。

　　1920 年以後爲第三階段，這一階段繼承了前兩個階段的主要特點，並以此爲基礎提出了女性寫作和婦女經驗感受的觀念。按照蕭華特的看法，這個階段最重要的婦女小說家是麗貝卡・韋斯特(Rebecca　West)、凱瑟琳・曼斯

菲爾德(Katherine Mansfield)和多羅茜・理
查森(Dorothy Richardson)。就在喬依斯和普
魯斯特寫主體意識小說的同一時期，理查森的
長篇小說《人生歷程》也描寫了婦女的主體意
識。可以說，她對寫作的看法預示了最近的女
性主義理論。她喜歡一種否定的力量，主張多
樣化的感受，也就是說，她不承認既定的男性
觀點和看法。蕭華特認為，她還把「無形的感
情發洩」問題理性化了，她設計出一種理論，
將「無形」視為女性移情作用的自然表現，將
「模式」視為男性片面性的標誌。為了表達她
認為純屬女性精神的形態和結構，她在作品中
刻意製造了一些省略的、不完整的句子。

　　當然，這個階段真正具有劃時代意義的作
家是弗吉尼亞・吳爾芙。她寫了大量評論婦女
作品的文章，與理查森一樣，也是現代女性主
義批評的先驅。雖然她從未採取女權主義的態
度，但卻一直考察婦女作家所面臨的問題。她
認為，婦女要實現自己的文學抱負，總是要遇
到社會和經濟條件方面的障礙。例如，她自己

就受到所受教育的限制──她不懂希臘語。她贊同「布魯姆斯伯里派」❶「雌雄同體」的性倫理，因而同意從男性和女性特徵的鬥爭中平靜地退卻。她否認有一種獨立的女性意識，因而希望達到男性自我實現和女性自我湮滅間的平衡。但是，她對瘋狂的不斷抨擊和她最後的自殺表明，這種超越性特徵的努力最終還是失敗了。她無法實現自己的願望：使她的女性成為潛意識的，以此迴避與女性特徵或男性特徵的對抗。

　　儘管吳爾芙贊同「雌雄同體」，但她仍然清晰地意識到婦女寫作的獨特性。她對紐卡斯爾公爵夫人的論述，巧妙地使人注意到十七世紀一位女性作家的創造性。她說：「雖然她的哲學貧乏，她的劇本無法忍受，她的詩基本上沒有生氣，但公爵夫人的大量作品卻因一種真正的激情而發生了變化。人們禁不住為她的無常而可愛的個性所吸引，因為這種個性一頁接一頁地蜿蜒流淌、閃閃發光。她不只是有古怪而輕浮的東西，同樣也有高尚的、唐吉訶德式的、

生氣勃勃的東西。」吳爾芙的意思是，公爵夫
人的作品有獨特的個性：「女性的」幽默和捉
摸不定。正是這種個性，使沉悶的「男性」作
品變得明快活潑。吳爾芙的最後一句頗有啓示
性：「高尙的、唐吉訶德式的」像是男性的特
徵，而「古怪」和「輕浮」又像是女性的特徵；
透過把對立的涵義結合起來，她似乎達到了一
種「雌雄同體」的中性。

　　在吳爾芙論婦女作家的著作中，或許最有
影響也最有意思的論文是〈婦女的職業〉(*Pro-
fessions for Women*)。在這篇文章中，她認
爲自己的職業受到兩種影響。第一，像許多十
九世紀作家一樣，她受到婦女意識形態的束
縛，她也要遵循「屋裏的安琪兒」的理想。這
種理想要求婦女楚楚動人，毫不自私，純潔無
瑕，富於同情心；因此一個婦女若要有寫作的
時間和空間，便不得不運用女性的諂媚和騙
術。第二，關於表達女性情感的種種忌諱，妨
礙她如實傾訴作爲一個血肉之軀的婦女的親身
經驗。對女性性慾的否定和潛意識的壓抑，不

論在她的作品還是在她的生活裏都不曾克服。
實際上她並不相信有一種女性的潛意識，她認
為婦女寫作之所以不同，不是因為心理上與男
人不同，而是因為她們的社會經驗不同。不過，
她自己寫婦女的經驗是有意識的，其目的是找
出某些語言方式，表現受限制的婦女生活。吳
爾芙相信，只要婦女在社會和經濟方面與男人
平等，她們就不會再有什麼障礙──她們可以
自由地發展自己的藝術才能。

　　在早期的女性主義批評著作中，瑪麗‧艾
爾曼（Mary Ellmann）的《想想婦女》（*Think-ing about Women*, 1968）也頗受重視。這是一
部具有開創性的著作。雖然艾爾曼的標題容易
使人誤解，但這是她故意如此的。她的論題是
男人對婦女的看法，研究的範圍是男人對婦女
作家的評論。因此這部著作不是直接分析婦女
的作品，而是主要分析傳統上對婦女的偏見如
何使男人曲解她們的作品、她們的價值和她們
的本質。艾爾曼的洞察是敏銳的，她以自己的
機智攻擊「男性性徵的批評」，嘲諷瓦爾特‧培

特(Walter Pater)提出的「藝術中的陽剛之
氣」的「荒誕」概念。培特說他提出的「陽剛
之氣」完全是有意識的人爲之舉，具有強烈的
目的性和建構精神，旨在反對文學上的不連
貫，反對「歇斯底里的」行爲和「隨意性的」
寫作。艾爾曼認爲這是偏激的反女性的觀點，
任何女性主義者都不會接受。

　　但是，艾爾曼與蕭華特不同。她不想把婦
女寫作與婦女經驗統一起來，而是把它與某些
文學風格聯繫起來。她指出，婦女作家常常樹
立一種不同的、具有破壞性的觀點，暗中破壞
確定的判斷和穩定的中心。例如英國的女作家
愛維‧康普頓—勃奈特(Ivy Compton-
Burnett)，她的小說完全按照自己的風格來
寫，故事情節主要透過人物的長篇對話來實
現，從而使「確定的觀點」變成邊緣性的題外
話，暗中否定它們具有「男性」判斷的權威性。
這種類型的作品常常產生一種喜劇性的停滯效
果，因爲在這種作品裏，判斷本身先遭到阻止，
無法達成最後的結論。不過艾爾曼認爲，並非

一切婦女作家都採取女性的寫作風格。例如，瑪麗·麥卡錫(Mary McCarthy)的作品帶有過多的「男性」的權威性，以「男性」的標準為基礎；而夏綠蒂·白朗黛的小說過於注重責任和嚴肅的情感，也沒有擺脫男性的原則。與此相反，艾爾曼所強調的那種暗中破壞的風格，在奧斯卡·王爾德(Oscar Wild)和喬·奧敦(Joe Orton)的作品中卻常常出現，而這兩位作家又恰恰都不是女性。

然而，艾爾曼的觀點確實有某種啟示意義。正是由於她的觀點的影響，簡·鮑爾斯(Jane Bowles)於 1943 年寫的小說《兩個嚴肅的淑女》(*Two Serious Ladies*)最近才再次受到人們的注意。這是一部奇特的喜劇小說，描寫兩個婦女墮落到一個放蕩的地下社會，但仍保持獨特而得體的言談舉止，並且不自覺地或毫無自我意識地談論美女性獨立的妙趣。人們現在認為，這部小說是對女性暗中破壞男性價值的一次很好的探討。例如小說寫到弗麗達·考波菲爾與丈夫訪問巴拿馬時，她渴望住一家

舒適的旅館，而她丈夫卻寧願把錢花在「購物」
上，因爲物品可以留存下來。弗麗達提出異議，
她丈夫便生了氣：

> 「如果你覺得不舒適，我們就到華盛
> 頓旅館，」考波菲爾先生說。他突然失去
> 了尊嚴。他雙目黯然，撅起嘴來。「不過，
> 我可以肯定地告訴你，我在那裏會覺得難
> 受。那他媽的一定會非常沒勁。」他像個
> 孩子，考波菲爾太太只好安慰他。他耍了
> 個鬼花招，使她覺得是自己的責任。

　　對於男性的尊嚴及其「建構精神」，只有婦
女作家才會如此刻薄地對待。事實上，鮑爾斯
是在利用她的主人翁探討一種「女性」的意識
和價值體系。她們被誘入放蕩的地下社會，因
爲她們在那裏可以對男性的權威提出挑戰，並
且可以輕鬆愉快地、無憂無慮地追求幸福的「內
心的和平」。克里斯蒂娜・戈林放棄了她上層階
級的體面，在巴拿馬當了一名高級應召女郎。
在她「墮落」的過程中，她仔細觀察男人的表

現，他們如何奇怪地進行防衛，又如何奇怪地
自相矛盾。例如，阿諾德的父親公開與其子爭
奪克里斯蒂娜，甚至提出希望她傾向於自己這
邊。她問他，「這有什麼關係？」他說，「這意味
著⋯⋯你是個眞正的女人。同情並願意維護我
說的和做的一切，同時又動不動對我稍加斥
責。」次日凌晨，他敞著衣領，頭髮散亂，想
以一個放蕩不羈的藝術家的冷漠態度來解除婚
姻的責任，他無視自己前後不一的舉止，宣稱
「藝術家的美在於他童稚般天眞的心靈」。克
里斯蒂娜在追求幸福當中，最後向自己提出了
一個「男性」的問題：「有沒有可能我自己看
不見的某個部分，也像考波菲爾夫人那樣，迅
速地積聚著罪惡？」小說敍述者（作者）的結論
是：戈林小姐認爲，這後一種可能很有意思，
但並不十分重要。

　　《兩個嚴肅的淑女》所表現的女性主義批
評，超越了凱特・米蕾的「粗暴的」爭論，它
微妙地破壞了一切「男性的」價值和模式。例
如考波菲爾夫人宣稱，「我一向崇拜血肉之軀

……但這並不意味著我會與肉體漂亮的人相
愛。有些我曾喜歡的肉體實在令人作嘔。」這
裏有些東西可能被男人視爲是女性的離奇古
怪，但正是這些東西變成了富於啓示性的「女
性的差異」。

註　釋

❶「布魯姆斯伯里學派」指大約從 1906 年開始不斷聚會的一群朋友，其中包括約翰・梅納德・吉尼斯、多頓・斯特拉奇、弗吉尼亞・吳爾芙、利奧納德・吳爾芙、瓦尼薩・貝爾・克第夫、貝爾・戴維・加納特、鄧肯・格蘭特、E・M・佛斯特和羅傑・弗萊。他們的哲學觀點源於 G・E・莫爾的一段名言：「迄今爲止，最寶貴的東西⋯⋯是人類性交的樂趣和美好事物的享受；正是這些東西⋯⋯，形成了社會進步最終的理性目的。」

第七章
反對「陽具批評」的論辯

　　女性主義批評家認為，她們有充分的理由懷疑學術上的客觀性和批評上的絕對論。在男權傳統下的學術界，她們與男性批評家的爭論主要集中在三個方面：

　　1.男性批評家未能將女性作家當成獨立的作家而不考慮她們的性別；

　　2.他們忽視了大量的女性作家；

　　3.他們傾向於以男性經驗為基礎作普遍性的闡述。

　　這些被認為失於偏頗的對女性作家的批評態度，她們常常稱作「陽具的批評」（phallic criticism）、「文學的卵巢理論」或者「生物學

的貶抑」。瑪麗・艾爾曼這樣描述「陽具批評」：
「男人對婦女作品的討論，必定得出它們富於
女人氣質的偏見。彷彿女人寫的作品本身就是
女人，批評所做的無非是對胸圍和臀圍的智力
測量。」對於這同一種現象，吉姆伯莉・斯諾
(Kimberley Snow)作了如下的解釋：

　　「生物學的貶抑」在批評中長期受寵，
在這種貶抑中，婦女人物或婦女作者只被
以生物學的方式看待。例如，一位批評家
把福克納作品中的女人分為母牛和母狗，
而另一位批評家把艾米莉・狄瑾蓀的詩與
她的月經周期相聯繫。然而，男性人物和
男性作者卻不被降低到他們的生物作用或
特徵。沒有人將福克納作品中的男人分為
種馬或騸了的公馬，他們也沒有將卡萊爾
的作品與他的消化不良相聯繫，儘管在他
們的作品裏肯定能找出這方面的證據。

　　正如艾爾曼和斯諾所描述的，「陽具批評」
在論述女性作家時，完全按照關於女人氣質的

傳統觀念行事，因此判斷常常是不精確的。安東尼・伯吉斯(Anthony Burgess)說，簡・奧斯汀的作品無法卒讀，因為它們太女人氣了；然而他又批評喬治・艾略特和愛維・康普頓——勃奈特，說前者成功地「模仿了男性」，說後者寫的是「無性別的」文學。有些批評家對「超越」女性的婦女作家進行嘲諷式的讚揚，言辭之間回響著薩繆爾・約翰遜那種把知識婦女比作隨男人轉動的蹩腳舞伴的比喻。這樣的批評家樂於意外地遇到一個「像男人一樣寫作」的女人。但另外一些批評家卻固執己見，例如萊昂內爾・崔寧(Lionel Trilling)說他不喜德玖娜・巴妮斯(Djuna Barnes)的散文，因為它缺乏男人氣質。劉易斯・奧琴克勞斯(Louis Auchincloss)在論美國女小說家時也說，她們「很難避免刺耳的語氣，尖銳的吼叫；很難不變成一種奇怪的幻想。」但他絕不會對一個男作家說這種話，因為「刺耳的語氣」、「尖銳的吼叫」和「奇怪的幻想」在他看來都帶有「女性」的含義。

　　「陽具批評」中的第二種情況是：勉強承
認婦女作家所寫作品的文學價值，然後否認這
種價值是有意識地取得的。例如西德尼‧多貝
爾（Sydney Dobell）認為《咆哮山莊》是「非自
覺的藝術」，即認為即使寫出好作品的女作家
寫作時也意識不到自己寫作的好壞；亨利‧詹
姆斯甚至走得更遠，他把簡‧奧斯汀比作一個
「正在心不在焉地紡織的女子」。

　　女性主義批評家注意到，西方文學批評傳
統中存在著雙重標準；正是這雙重標準，使女
性作家降低到一種附屬的地位。艾爾曼在《想
想女人》中寫道，「其作用規則非常簡單，但卻
是基本的：就像公廁分男女一樣，文學也必定
有兩種，一種是男人的，一種是女人的。」學
者們一般習慣於把藝術作品分為「嚴肅的」和
「流行的」兩大類，一部文學作品如果適合進
行分類的學院派人士的口味，那它就是「嚴肅
的」；如果它不適合學院派人士的口味，但卻
被廣大公眾閱讀，或者說受大眾歡迎，那它就是
「流行的」。然而，由於女人絕少具有那種分類

的資格，所以自然很少有女性作家的作品被視爲是「嚴肅的」文學。美國女性主義批評家伊萊恩・蕭華特針對美國大學英文課裏缺少女作家的情況曾這樣寫道：

　　女學生會發現，就選教的文學課而言，文學確認了社會裏其他一切事物所告訴她們的東西：男性觀點是標準的，女性觀點是庶出的。在文學課程中，女作家明確定爲「次要的」，也許會被推荐，但不是必讀的；頗像是個孤獨的人，無兒無女，甚至瘋了，還是缺少注定屬於男性藝術家的那種磷光閃閃的魅力。簡言之，一個在學習英語文學的女人也是在學習一種不同的文化，她必須具有人類學家的那種適應性。

蕭華特顯然認爲，在美國學校中，學校的教育是期望女學生把男性的價值內在化，或者以男性的價值爲基礎進行文學批評，像弗吉尼亞・吳爾芙所說的那樣作出判斷：「這是一部重要

的作品……因為它寫的是戰爭。這是一部沒有
意義的作品，因為它寫的是客廳裏的婦女的感
情。」

　　文學批評中所用的大量術語，對使婦女的
作品處於從屬地位也起了重大的作用。例如，
只有男性人物的經驗被稱作「普遍性的」，或對
「人類生存條件」是基本的。「女性經驗」處於
文學中心問題的邊緣，因為文學主要關心的是
男人與自然、上帝、命運、男人自身以及與女
人的鬥爭。女人永遠被打入「另冊」。

　　上述這些情況是女性主義批評家在傳統文
學批評中發現的主要缺陷。那麼有沒有補救的
方法呢？是否消除現行批評方法中的性別歧視
觀念就夠了？女性主義批評家對這兩個問題的
回答都是否定的。

　　首先，許多女性主義批評家（當然不是所
有的女性主義批評家）認為，現行的文學批評
過於強調形式，強調「永恆性」和「普遍性」，
強調探索隱含的意義，而這些都不適合大多數
婦女作家所寫的大部分作品。至於像喬治・艾

略特和白朗黛姊妹這樣的婦女作家，麗蓮・羅
賓遜(Lillian Robinson)在《體面地生活》中指
出，她們寫感傷小說之外的東西乃是一種反抗
行爲，有其時間範疇和意識形態上的考慮。因
此女性主義批評家指出，要全面理解一位婦女
作家或女性人物，批評家必須考慮婦女在其社
會中的具體社會地位和法定的地位。換言之，
女性主義批評最終是一種文化批評。

　　其次，女性主義批評家認爲，非性別歧視
的批評並不能糾正雙重標準所造成的歪曲。有
證據表明，批評期望已經影響到婦女作家的風
格。例如弗吉尼亞・吳爾芙就相信，婦女或者
像男人那樣寫作，或者根據男人對她們的期望
寫作：「一種情況是，她們創作出靈巧地模仿
男性風格的作品，但不能與原風格的作品相提
並論；另一種情況是，她們調製成一種矯揉造
作的女性風格，而這只不過是迎合那些認爲婦
女低下的人的偏見而已。」在這種情況下，關
於婦女更容易寫「流行」作品的看法也許會長
期存在。因爲婦女實際上無法達到那些客觀

的、超性別的批評的要求，所以她們便轉而爭
取商業上的成功，而小說寫作又恰恰是十九世
紀婦女能夠供養自己的少有的方式之一。當時
由薩繆爾‧約翰遜的《帕米拉》和《克拉麗莎》
所開創的感傷文學有很大的市場，雖然這種文
學未能經受住持久價值的檢驗。評述這種文學
的文學史學家常常不注意當時婦女的經濟條
件，因而很容易認為感傷是女性作家一種自然
而然的特徵，甚至在當代文學中還繼續尋求這
種特徵，期望它在作品中出現。

　　既然現行的批評方法無法補救，女性主義
者就需要進行創新和鬥爭。為了反對既定的男
性批評，反對「陽具的批評」，她們借用傅科的
話語理論和後結構主義理論，尤其是傅科的「歷
史考古學」和德希達的「解構主義」，提出從歷
史現象和文化現象來考察婦女作家和作品的作
用。簡‧湯姆金斯（Jane　Tempkins）認為，一
切文學作品都應該放到特定歷史時期內進行考
察，在某個時期流行的作品可以反映那個時期
人們的文化心理和社會心態，因此是一種不容

忽視的文化現象，即使沒有通常所說的「持久
的文學價值」，仍然有其重要的社會文化價值。
據此湯姆金斯提出，在文學史上一向不受重視
的斯托夫人及其《湯姆叔叔的小屋》，現在應該
徹底翻案，甚至像《飄》這樣的流行作品，現
在也應該重新評價。伊萊恩‧蕭華特則認爲：
「婦女解放運動、婦女研究的發展和歐洲理論
的衝擊，所有這些影響形成了八十年代的女性
主義批評。女性主義批評理智的軌道，從集中
注意婦女文學的從屬地位、受到的錯誤對待和
排斥，將我們引向對獨立的婦女文學傳統的研
究、對文學語言中性和性特徵的象徵構成的分
析。現在已經清楚，我們要求的是一種新的、
普遍性的文學史和文學批評，要把男人和女人
的文學經驗結合起來，因而是在理解我們文學
傳統方面的一次全面的革命。」

　　蕭華特的話概括指出了女性主義批評的軌
跡和方向。我們不妨根據她的啓示比較具體地
考察一下女性主義的文學批評。

第八章
婦女的形象

　　從「婦女形象」入手進行文學批評，是女性主義文學批評的最早形式，現在已經有了相當充分的發展，並且出現了許多重要的論著。

　　自從女權主義興起以後，第一部討論文學中女性基型的著作當是萊斯利‧菲德勒(Leslie Fiedler)的《美國小說中的愛與死》(*Love and Death in the American Novel,* 1966)。嚴格地說，這部著作還稱不上女性主義批評，但它對女性本質的設想以及對一些婦女作家作品的解釋，卻呼喚一種新的女性主義的閱讀方式。或許可以說，這部著作是女性主義文學批評的先聲，因為它提出了文學中具有象徵意義的兩

種女性的基型——「羅絲」和「李莉」。(羅絲是
漢姆林・加蘭德的小說《達徹爾家庫力農場的
玫瑰》(1895)中的女主人翁,羅絲(Rose)與「玫
瑰」(rose)拼寫發音相同,有雙關意思;在小說
裏羅絲是個有獨立反抗精神女性,頗似帶刺的
玫瑰。李莉是伊迪絲・沃頓的小說《歡樂之家》
(1905)中的女主人翁,李莉是英文「百合花」
(lily)的雙關語,在小說裏是個馴順而受到傷害
的女性,頗似美麗柔弱的百合花。)

　　瑪麗・艾爾曼的《想想婦女》超越了菲德
勒的兩種基型,找出了一種內在的、神話式的、
形成基型的模式。艾爾曼認為,文學中一般歸
於女性的特徵是:不定型、被動、不穩定、歇
斯底里、封閉、狹隘、實用、虔誠、研究物質、
追求精神、缺少理智、馴順而又固執。

　　當然,女性主義批評家一般都認為文學中
存在著女性的基型,或者認為發現基型的過程
已經完成。在她們看來,人們只要說「大地的
母親」或「偉大美國的壞女人」,基型的特徵便
會立刻在腦海裏出現,而且會馬上想到一、二

個實例。於是女性主義批評現在可以進一步展
開，論述女性基型在文學中不斷蔓延的原因，
說明它們為什麼缺乏真實女人的特點，探討文
學基型的政治運用，闡述它們對女性個人意識
的影響。

　　凱特・米蕾的《性政治》提供了關於女性
主義的文學分析和政治分析的絕好綜合。米蕾
認為，在亨利・米勒和諾曼・梅勒的小說裏，
婦女非人化的實例不是離奇古怪的人物，而是
對兩性間的實際政治關係所隱含的反女性態度
的反證。關於美國文學中女性基型的形成，菲
德勒尋求非文學的解釋，設想一種超常的民族
心理；而米蕾則認為，米勒、梅勒以及D. H. 勞
倫斯對婦女的描繪，反映出一種與父權制一樣
悠久的「正常」事態，並不局限於國界之內。
菲德勒運用佛洛伊德的心理學作為一種解釋方
法，而米蕾則把佛洛伊德視為一個歧視婦女的
罪犯。

　　在《令人煩惱的配偶》(*The Troublesome
Helpmate*, 1966) 當中，凱瑟琳・M・羅傑斯

(Katharine M. Rogers)記述了文學中歧視婦女的漫長傳統。她指出，在早期的基督教和古希臘文學裏就存在著對婦女的歧視，可以說那是小說體現厭惡婦女情感的先驅，也可以說是現代小說中的女性的基型。如果厭惡婦女確實是已經確定的文學傳統，那麼一個作家很可能會無意識地遵循這個傳統，既不想對個體婦女的特點表示懷疑，也不想把婦女視爲一個被壓迫的群體。作爲一個男人而不是「雌雄同體」的人，男人自然會以男人的經驗說話。吳爾芙曾說，他們「用腦子男性的一邊」寫作。吳爾芙似乎認爲，精神或心理上的雌雄同體不僅是一種理想，而且有可能成爲現實──如果他們同時用腦子的女性的一邊和男性的一邊來寫作，雌雄同體的理想就可能實現。因此有些女性主義批評家斷言，如果取消對男性和女性行爲的武斷限制，他們（她們）便可以回到那樣一種自然形態。

然而，回顧十九世紀的文學卻表明了一種更大的兩極分化的趨勢。於是女性主義批評家

們相信，男性作者的小說正變得越來越富於「男性」，甚至比以前更帶有厭惡婦女的色彩。菲德勒在十九世紀美國文學中發現的那個黑頭髮的、敏感的、不恭順的「羅絲」，變成了海明威的「美國的壞女人」，而諾曼‧梅勒又使她變得「更壞」。

有一段時間，「美國的壞女人」與一個救贖的女性形象同時並存。後一個形象被稱作「救世的媽媽」，例如福克納的《喧嘩與騷動》中的狄爾西、史坦貝克的《憤怒的葡萄》裏的喬德媽，都屬於這種形象。但是後來，這形象變成了肯‧凱西(Ken Kesey)的《飛越杜鵑窩》(*One Flew the Cuckoo's Nest*, 1962)裏的護士長。為了解釋這種趨勢，多夢爾絲‧巴拉卡諾‧史密特(Dolores Barracano Schmidt)假定了三個原因來說明為什麼同一時期不同作者的作品中會出現一個特定的基型。第一，人物是派生性的，不同的作者運用了共同的「模特兒」；第二，人物是社會條件制約的產物，是社會主要價值觀念中的一種理想或反理想；第三，人

物是作者需要的象徵性實現，是爲了在一種本
來可怕的環境中獲得安慰而虛構的神話式的
人。關於當代文學中厭惡婦女的情況，史密特
認爲出於第三個原因，聲言其中可怕的環境係
指女性意識的高漲和對男性統治的威脅。當
然，對那些僵硬地堅持男性氣質的作家，史密
特的看法不無道理，因爲他們確實透過創造出
一個女人是次等人的幻想世界來反對打破嚴格
的性別角色的區分。

　　上面談到的只是明顯的否定性的女性基
型。與「羅絲」和「壞女人」這種基型相對的
是「李莉」———一個美麗的秀髮少女，象徵著
女性的純潔，是歐洲浪漫主義文學中處處可見
的那種作爲繆思出現的女人。對於這種理想化
的女性基型，女性主義批評家如何解釋呢？它
是否意味著在產生這類文學的社會裏婦女受到
高度的尊重？對此可以借用弗吉尼亞‧吳爾芙
的話來回答：

　　確實，如果婦女只在男人寫的小說中存在，人們會想像她是個極其重要的人；非常特殊；英雄而吝嗇；光輝而暗淡；無限漂亮而又極端可怕；同男人一樣偉大，有人覺得比男人更偉大。但這只是小說中的婦女。事實上，正如特里維廉教授所指出的，她被關在屋裏，推來推去，橫遭毒打。

　　於是出現了一個非常奇怪的複合人。在想像中她極其重要，而實際上卻微不足道。她在詩裏自始至終無所不在，而在歷史裏卻毫無地位。她在小說中支配國王和征服者的生命，而實際上任何一個男孩的父母只要強行把戒指套在她的手指上，她就成了那個男孩的奴隸。在文學裏，一些最鼓舞人的話、一些最深刻的思想由她口中說出；而在實際生活裏，她幾乎不會閱讀，幾乎不會拼寫，只不過是她丈夫的私有財產。

　　顯然，這種理想化的、肯定性的女性基型，無疑也會像否定性的女性基型一樣是反女性主義的。它掩蓋了婦女的實際社會條件，誘使她們在神話中尋求安慰，而不是鼓勵她們改變自己的生存條件。

　　然而，女性主義批評家在討論了文學中的女性基型及其政治含義之後，她們最終怎樣去評價一部反女性主義的作品呢？舒拉密斯・費爾斯通(Shulamith　Firestone)認為可以從男性作家的動機來考慮。

　　她把男性作家的動機分為三類：

　　1.宣揚男性主張——自覺地光耀男性的現實，將之作為對女性主義的一種反應；

　　2.從男性角度出發——不承認男性的現實並非全部現實；

　　3.(個人教化的)雌雄同體精神——不同於女性主義的雌雄同體精神，它不是描述一種解放了的性的特徵，而是描述性的同一性與人的同一性之間尚未解決的矛盾。

　　費爾斯通認為，第一類作家是有罪的；第

二類是無知的；第三類應特別注意，不能因為描寫不完美的現實而將批評的矛頭指向他們，而應指向作品所揭示的現實本身的荒唐怪誕。

那麼，在社會上令人反感的作品裏，有沒有可能找到補救性的文學價值？答案顯然是肯定的。因為在女性主義者看來，即使是大男人主義的作品，有許多也不乏文學價值。凱特・米蕾非常讚賞D・H・勞倫斯的文學風格就表明了這點。多夢爾絲・巴拉卡諾・史密特也曾寫道：

> 我絕不想貶低所說的那些作家的文學成就：不論在國內國外，海明威、劉易斯、菲茨傑拉德都是二十世紀小說的巨人。不過我的確認為，我們應重新考慮我們的批評判斷，應特別注意如何使用大的、概括性的批評術語，例如「現實主義的」、「敏銳的社會觀察家」、「普遍的題材和價值」等等。它們呈現出一種特殊的男性觀，而在這些特定實例中，呈現出他們所處時代

的一種受到威脅的男性觀。

　　但是，許多女性主義者並不同意這種觀點，她們懷疑性別歧視的文學能有一種不是意識形態的文學價值。例如麗蓮・羅賓遜就這樣寫道：「我不相信迄今為止我們有過什麼判斷文學藝術的客觀標準，而運用一種女性主義的觀點也不可能對一個價值自由的學科增加意識形態。」

　　不過，如果文學的能力是一種補救性的價值，那麼單憑這種價值能否免除性別歧視作家的社會罪責？最終的判斷依賴於他們作品的政治效果，例如是否支持對女人壓迫？是否傷害女性的個人意識……等等。萊斯利・菲德勒認為，美國文學中基型的形成為女性讀者帶來一種嚴重的困境：

　　　　事實上，不存在好的和壞的兩類女人；甚至也不存在暫時顯得壞而後證明是清白無瑕的女人。有的只是兩類期望以及陷於它們之間的個別不完美的女人：只有

實際的不完美的女人，在堅持把她們視作
仙女或妖婦的藝術家的世界裏，才徒勞地
追求對她們自己角色的滿意的解釋。夢想
的角色和夢魘的角色同樣否定婦女的人
性，而她們因感到困惑便從演出一個角色
轉向扮演另一個角色。

在性角色社會化當中，對女性基型作爲工
具的運用，對肯定性的模範角色的需要，以及
男性作家在解決共同女性問題方面的失敗，這
些都是討論文學社會含義時的常見因素。瑪
麗・安娜・弗格森(Mary Anne Ferguson)以
她的學生爲例，對厭惡婦女的文學作品如何影
響她們的情感作了這樣的描述：「在教授『文
學中的婦女形象』時，問題之一是與壓抑作鬥
爭。這種壓抑的形成就像基本的否定反應一
樣，在一個又一個故事裏得到證明。甚至婦女
作家也沒有提供什麼希望，因爲她們所表現的
婦女因無用的男人的束縛而在耗費自己的生
命，或者因意識到這種過程的發展而被迫自

殺。人們可以極力用憤怒代替壓抑，但如何建設性地疏導這種憤怒的問題依然存在。」

　　不過，如何分擔罪過的責任問題仍然沒有解決。作者是否在道德上有義務把他們的才智用於人權事業？如果他們表達自己的偏見或者只是反映流行的社會態度，那麼他們是不是就應該受到譴責？女性主義批評家並未對這些問題作出有效的解釋。

第九章
婦女自己的文學

　　婦女文學的源泉可以追溯到更早的時期，但這裏所說的婦女自己的文學指五十年代以來已經開始匯成一個統一整體的女性文學。女性主義批評家認為，這種文學必須具有下列功能，或至少其中之一種功能：

　　1.作為婦女的論壇；

　　2.有助於達到文化上的雌雄同體；

　　3.提供女性角色的典範；

　　4.推進姊妹關係；

　　5.有助於提高婦女意識。

　　文學作為婦女的論壇，必須允許婦女坦率地、眞實地表達自我，而不應受已經存在的男

性標準的約束。弗吉尼亞‧吳爾芙在《一個人
自己的房間》裏就曾對女作家說過,「首先,你
必須表明自己的心靈,包括它的深刻和淺陋,
空虛和事實,說出你的美對自己意味著什麼,
你的平凡又意味著什麼。」她不無遺憾地指出,
十九世紀的女作家寫作時「略微缺乏一種直率
的精神,爲了外在的權威性而改變了它清晰的
視覺。」後來艾倫‧摩根(Ellen Morgan)補充
了吳爾芙的看法,她說,「我認爲,女性主義批
評應該鼓勵一種眞正是婦女經驗的藝術,它不
應該經過男性觀點的過濾,也不應該爲適應男
性標準而受到約束。」其他一些當代女性主義
批評家進一步發展了這種看法。例如喬安娜‧
路斯(Joanna　Russ)認爲,作者不一定非要精
確地表現她們自己的生活,而應該提供一種「虛
構的神話,這神話產生於她們的生活,由她們
爲自己講述」。凱特‧米蕾則說,藝術應該幫助
人們理解女性的經驗,「它究竟是什麼、像什
麼、你如何認識它、它如何發生作用等等」。總
之,女性主義批評家認爲,婦女自己的文學必

須先眞實地表達女性的經驗，然後才可能發揮
其他方面的功能。

　　一旦文學成爲婦女的論壇，表達女性的經
驗，它就有助於使歷史上主要爲男性利益服務
的文化價値體系達致平衡，成爲全人類的價値
體系。也就是說，它有助於實現文化上的雌雄
同體。女性主義批評家認爲，要達到文化上的
雌雄同體，文學中的「女性衝動」必不可少。
費爾斯通明確地指出，「『女性』藝術的發展
……具有進步的性質：探討嚴格意義上的女性
現實，對於糾正性別歧視文化中的偏見是必然
的一步。只有深入了解我們世界觀內部月亮的
陰暗面之後，我們才能開始認眞地談論普遍性
的文化。」當然，在多元文化社會裏，例如在
美國，還必須考慮其他少數民族的經驗才能達
到文化體系的眞正平衡。

　　女性主義者常常強調，她們不只是在現存
社會秩序中爲婦女爭取更大的空間，而是要在
「人文主義」價値基礎上建立一種新的社會秩
序。在這些價値當中，有些傳統上就是「女性

的」，但在當代社會中沒有得到應有的尊重。那些在傳統上是「男性的」價值，或女性主義者認為對公共利益有害的價值，也常常沒有受到足夠的重視。因此那種具有「男性」特徵的文學人物，並不一定適合婦女自己的文學。正如艾倫・哈羅德(Ellen Harold)評論《報復者》中的女主人公愛瑪・皮爾時所說，「真正悲哀的是，她酷似一個男人，而且勝過大部分男人，對她的能力的衡量完全是一種男人的標準——她在暴力方面的能力。」顯然哈羅德不能接受這樣的文學人物，儘管後來她從讀者的角度出發，指出愛瑪・皮爾作為解放婦女的一種嘗試也留下了一些令人思考的東西。

　　所謂文學應該提供女性角色的典範，實際上是透過描繪婦女的自我實現逐漸灌輸一種肯定女性同一性的看法。重新觀察認識自己生活的婦女，也許會依靠文學引進種種新的可能，幫助她們評估自己可能做出的選擇。女性主義者米歇爾・莫蕾(Michele Murray)認為，「只有在我們的想像裏看到自己所希望的生活和自

我，我們才能以某種方式生活，才能按照我們希望成為的人那樣看到自己。」由於小說中缺乏令人滿意的女性角色的典範，作為彌補的方法，女性主義批評家便擴大文學的定義，把傳記、自傳和回憶錄統統包括進來。這也說明了她們尋求典範角色的急切心理。

這裏應該注意的是，雖然女性讀者需要文學上的典範角色供她們模仿，但人物不能成為理想化的、不能超出合理的範圍。也就是說，對真實性的要求應超過其他所有的要求。正如瑪麗・安娜・弗格森所說：「解放包含著艱難的選擇；它以自我開始並以自我結束；自我認知依賴於與真實世界的聯繫。」

女性主義者認為，婦女自己的文學應該表現婦女介入傳統上非「女性」的活動，加速瓦解嚴格區分的性別角色。但是，只是把女性人物置於一種新的職業而不去相應改變她的個性和行為還是不夠的。如果只是寫婦女當了律師或醫生，那麼她們的行為以及她們與男人的關係很可能會落入基型模式的舊巢。倘若如此，

她們就成了笨拙地模仿出來的女人，而不是現實的女人。

　　姊妹關係源於美國的女權主義運動，其目的是消除婦女間的仇恨和敵意。由於孤獨、爲男人而競爭或相信女性的低下，許多婦女對自己的同性會產生敵意。弗吉尼亞‧吳爾芙早就注意到文學中缺少令人滿意的婦女和婦女的關係：「我讀到『克勞喜歡奧莉維亞』。我突然覺得這裏有一種巨大的變化。克勞喜歡奧莉維亞也許第一次在文學中出現。克利奧佩特拉不喜歡奧克塔維亞。如果她喜歡，安東尼和克利奧佩特拉該發生多麼徹底的變化！……婦女之間所有這些關係，使人馬上想起充滿虛構的婦女的華美的畫廊，我覺得它們太簡單了。漏掉了這麼多的東西，卻不作任何努力。」

　　文學作品不僅可以表現婦女和婦女以及婦女和男人間的新型關係，而且透過描述讀者認同的經驗或許多婦女共同的經驗，還可以服務於建立姊妹關係的事業。透過對作品的類似反應，讀者會感到與作者和其他讀者有著密切的

聯繫。蘇珊・考・康尼倫(Susan　Koppelman Cornillon)認為，這點對青春期的讀者至關重要：

> 我們都知道我們文化中青春期的痛苦，當我們試圖就自己的恐懼、需要和憂慮進行交流時，躲躲閃閃，笨嘴拙舌，實際上從不對任何人說出它們究竟是什麼，於是創造出精心設想的個人的象徵，使我們對自己的青春痘，自己的性幻想，自己的手淫，自己身體的奇怪變化，發洩出自己的苦惱。但是男孩會很快超越這種秘密階段——因為有大量豐富的文學作品供他們結結巴巴地閱讀，既有傑作也有流行作品，有古典的也有當代的，有虔誠的也有下流的，這些都使他們確信他們完全正常。甚至還有更好的，他們的痛苦被描繪為走向成熟的必要條件，即使不是走向偉大的前奏。

文學還可以使讀者重視婦女，作品中對女

性現實的主觀描述常常不同於她自己的現實。
米蕾曾這樣寫道：

> 愛一個人就是想了解她。就我們能夠
> 互相學習和互相了解而言，我們可以承認
> 經常被用作楔子來公開我們的上千種差
> 異，甚至會部分地把這些差異融入我們自
> 己想像的生活。這樣，各個地方所有婦女
> 的經驗，在某種意義上都變成了我們的共
> 同財產，變成了我們彼此饋贈的一種遺
> 產，亦即對作爲女性、作爲這個男人世界
> 上的婦女的意義的認識。

顯然，米蕾認爲，透過這種互相了解和認識會
促進姊妹關係的建立。

女性主義者認爲，爲了增進意識的提高，
文學應該提供現實主義的洞察，深入了解婦女
的個性發展、自我認識、個人間的關係，以及
其他「個人的」或「內在的」性別主義的影響。
這樣讀者就會注意到反覆出現的問題，並透過
由其他途徑獲取的有關婦女地位的眞實資料，

推導出自己的結論。不過，女性主義批評家更注重揭示這些對個人的影響而不是提出具體問題，例如在職業上的歧視或兒童設施的匱乏等。在大眾傳媒日益發達的今天，小說不再是引起人們注意社會問題的最有效的方式。這並不是說在婦女自己的文學中具體政治問題失去了它的重要性。但是，它們必須與對真實性和主體性的要求相一致，這是個人與政治相結合的必要條件。艾麗卡·瓊(Erica Jong)在批評女性主義教誨詩時指出：「我們都聲言相信政治壓迫和個人感情互相關聯，但是大量產生於婦女運動的自以為是論辯的詩歌，讀起來卻像是一般化的夸夸其談，完全缺乏心理上的根據。詩人實際上對婦女並沒有深入了解，寫得也不真實。她滿足於重複過於簡單化的口號。」同樣，小說中對就業歧視的描寫如果只限於物質方面的影響也是不夠的；如果主人公的特點確實被充分表現出來，人們就會看到這種歧視在個人或心理方面的影響。因此婦女自己的文學應該使新的女性意識融入作品並活躍於作品

之中，就像一幅繪畫上的光線，而不能只是把
婦女問題作爲一種題材。

　　不過，對於只是把闡明主張的文章轉變成
小說的作者，喬伊斯・諾爾（Joyce　Nower）認
爲不應該過於苛刻，也不應該進行譴責。她說：
「一個婦女藝術家如果寫出一篇拙劣的故事描
寫積極參加婦女運動的婦女，或者描寫實施人
工流產的婦女，她應該受到批評性評論的尊
重：她雖然拙劣但卻是個重要的作家，因爲她
在努力運用新的材料。」艾倫・摩根也贊同說，
「某些這種作品所具有的教誨和愉悅能力表
明，否認『宣傳性』作品的合理性和價值的批
評標準，可能是不適宜評價它的工具。」

　　無疑，任何女性主義批評家都不會堅持小
說作品應包括政治分析。她們一般認爲，作者
只需描述問題並在可能的情況下提供某些解決
辦法，餘下的提高女性意識的任務應該由讀者
完成。例如，將女性文學人物遇到的問題與她
們自己的加以比較，找出它們相似的原因，然
後決定適當的政治行動。這樣，文學就能夠促

進女性意識的提高。

　　然而，在提高女性意識和提供女性角色典範這兩種功能之間，潛存著某種矛盾或衝突。一部作品如果對婦女所受的壓迫作充分的文學描寫，那麼這種描寫很可能也是一個受壓迫的女主人翁的特徵，這樣女性讀者在閱讀作品時便不可能使女主人翁獲得解放，因而也就難以起到典範角色的作用。所以艾麗卡‧瓊說，她對「所有那些把婦女描寫成無助的受害者的所謂的女性小說」都不滿意。婦女自己的文學或理想的女性小說，應該均衡地實現上述的五種功能。新女性小說中的女主人翁，不應該被迫走向神經分裂或自殺，也不應該表現得無能為力，而應該以某種方式反抗毀滅，得到其他婦女的支持並充滿信心，以自己的觀點和行為預示一種新的社會秩序，將「女性文化」的最佳方面與精選出來的「男性」價值統一起來。真正的婦女自己的文學，應該成為人類共同的財富，既屬於男性也屬於女性，它有助於建立起兩性之間平等的、充滿深情的相互了解。

第十章
法國的女性主義
批評理論

　　一般來說，英美女性主義批評強調婦女的經驗和歷史，而法國女性主義批評則注重語言、哲學、心理分析和其他話語系統中「女性」的構成。由於受後結構主義的影響，尤其是拉岡著作的影響，法國一些女性主義者將「女性寫作」理論化了，從而打破了西方話語中語言學的傳統和形而上學的傳統。由於「女性寫作」與女性心理的特殊力量相關，所以它還打破了由男性性徵體系造成的沉默，以一種激進的「差異」的形式呈現出來。因此有些法國女性主義者的風格，常常顯示出某種超現實主義的色彩。美國女性主義批評家伊萊恩‧蕭華特認為，

「法國女性主義批評實質上是心理分析式的，強調壓抑；美國女性主義批評是文本式的，強調表達。」

根據艾麗絲・賈迪恩（Alice Jardine）的看法，美國和法國的女性主義批評有三大區別：

1.美國女性主義批評家重視作者的性別；法國女性主義批評家強調「女性寫作」，追隨結構主義和後結構主義的「自我消亡」，認為以經驗為根據的作者只是探索的一種軌跡，因而不予重視。

2.美國女性主義批評家注重研究婦女的形象、性別原型，以及小說的人物，或者說文學模仿中的各種因素；法國女性主義者是分析型的，她們公開放棄模仿論，認為形象、原型、人物只不過是語言的轉義或效果。因此美國女性主義批評家常常以現實主義作家為例闡述她們的主張，而法國女性主義批評家則不受這種限制。

3.美國女性主義批評家多從文學作品本身或作品背景當中尋求她們的「真理」；法國女性

主義批評家認爲，眞實與虛構間的關係無法確定，因此人文主義的眞理追求只不過是一種幻想。法國女性主義者依據西方象徵思想史指出，眞正破壞「主體」、「描寫」和「眞理」的恰恰是婦女；「女性」在歷史上表示「其他性」，或未說出的、潛意識的一面，它與分裂的「寫作」而非女性的人一致。這種女性主義者有時被稱爲「反女性主義者」，因爲女性主義的基本前提依靠對性別特徵的明確區分，即男性和女性的二元對立。若要迴避這種表示本質的辯證關係，必然要推翻它的前提。艾麗絲・賈迪恩在《女性批評》中指出，「對這些婦女來說，女性主義是毫無希望的時代錯誤，其根據之一是一種（男性的）形而上學的邏輯……」不過，有些法國女性批評家試圖克服性別上的二元論，追求所謂的陰陽合一或雌雄同體，與美國許多女性主義者還是一致的。

在《法國新女性主義》一書裏，編者伊萊恩・馬克斯(Elaine Marks)和伊薩貝爾・德・古爾蒂翁(Isabelle de Courtivron)認爲，美國

女性主義批評是經驗主義的、歸納性的、反思辯性的；法國女性主義批評是借用馬克思主義和精神分析，擴展了「上帝的死亡、人的死亡和特權藝術作品的死亡」的觀念。她們指出，法國女性主義者對男性的體系、價值和厭女症的抨擊，比美國的女性主義者更有力；然而她們沒有看到，法國女性主義批評家接受了男性文學傳統的標準，而美國女性主義批評家則極力修訂那種標準。

　　一般說，法國女性主義者的著作基本上是心理分析式的。她們接受雅克・拉岡（Jacques Lacan）加工過的精神分析理論，克服了大部分女性主義者對佛洛伊德的那種敵視。在拉岡之前，佛洛伊德的理論曾被降低到一種原始生物學的水準：女性嬰兒看到男性生殖器，認識到她自己是女的是因爲她沒有陰莖；於是她以否定的態度解釋自己，忍受無法避免的「羨慕陰莖」之苦。按照佛洛伊德的理論，「羨慕陰莖」在婦女中普遍存在，並且引起她們的「閹割情結」，使她們自以爲有缺陷，本身不是一個確定

的性別。因此厄尼斯特・瓊斯(Ernest Jones)
把佛洛伊德的理論稱之爲「陰莖中心論」(或「陽
具中心論」)。此後,當女性主義者討論男性統
治時,她們便廣泛使用這個術語。

　　朱麗葉・米歇爾(Juliet Mitchell)曾爲佛
洛伊德進行辯護。她在《精神分析和女性主義》
(1975)裏論證說,佛洛伊德的精神分析理論並
不是建議確立一個男權制的社會,而是對一個
男權制的社會進行分析;佛洛伊德描述的並不
是社會現實本身,而是社會現實在「精神上的
再現」。但是她對佛洛伊德「羨慕陰莖」的觀念
和性別差異的概念所作的辯護,許多女性主義
者都持有異議,覺得她的論證缺乏根據和說服
力。當然,她力圖爲佛洛伊德恢復名譽與拉岡
的理論有關,因爲拉岡的理論是修正和發展佛
洛伊德的結果。然而,正如珍妮・加洛普(Jane
Gallop)所指出的,米歇爾未能像拉岡那樣,對
索緒爾的語言學作戰略性的運用。

　　對於把婦女看作「被動的、自戀的、性被
虐狂的、羨慕陰莖的」觀點,對於認爲婦女本

身毫無意義、只能靠男性標準來衡量的看法，
女性主義者無疑會作出強烈的反應。但是，有
些法國女性主義者強調，佛洛伊德的「陰莖」
或「男性生殖器」是一種「象徵的」概念，而
不是一種生物學上的事實。或者說，她們根據
拉岡對這個詞的運用，吸收了古代生殖崇拜中
男性生殖器的含義。其實，這個詞也用於神學
和人類學的作品，指性器官的象徵意義──權
力。美國女性主義者桑德拉·吉爾伯特（Sandra
M. Gilbert）曾經指出，自從維多利亞時期以
來，男權制的文學創作理論依附於基督教的創
世論，神化了男性作者；「作者」（author）一
詞衍生出「權威」（authority），形成文學上的
男性傳統；由於男性觀點統治文學，所以「筆」
（pen）就成了「男性生殖器」（penis）的象徵。
也就是說，「男性性徵實際上是文學權力的本
質。詩人之筆在某種意義上（甚至不只在比喻
的意義上）就是一個男性生殖器。」這就隱含
著筆為男性所獨有，文學是男權統治的。

　　顯然，關於性別作用的界定具有某種任意

性和武斷性。爲了說明這種任意性，法國女性
主義者常常借用下面這個拉岡的圖示：

樹

(TREE)

女　　　　　　　　男

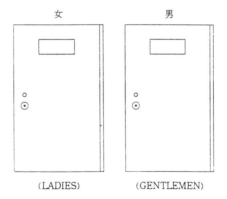

(LADIES)　　　　　(GENTLEMEN)

　　在這個圖示裏，第一個符號「樹」是「肖
像式」的，說明詞與物之間的「自然」對應；
它概括了索緒爾之前舊的語言概念，表示詞與
物以一種普遍適用的意思統一在一起。但第二
圖破壞了舊的一致性：能指符號「女」和「男」
附加在完全相同的門上；「同樣的」門必須進
入語言的區分系統，我們才會覺得它們「不
同」。按照這種方式，「婦女」也是一個能指符
號，而不是生物學上的女性或女人。在具體的
血肉之軀和能指符號「婦女」之間，不存在簡
單的對應一致。但是，這並不是說，如果去掉
對能指符號歪曲性的書寫，一個「眞正的、自
然的」女人會以她在象徵化之前的本來面目出
現。人們永遠無法走出表示意義的過程，站到
某個中立的地方。任何反對「陰莖中心論」（陰
莖作爲一個能指符號的支配性）的女性主義，
只能從表意過程之內產生。按照拉岡的理論，
能指符號比「主體」更有力量，因爲主體會「隱
去」並遭受「閹割」。所以「婦女」代表某種主
體的地位，它被「陰莖中心論」的閹割力量排

斥到外部的黑暗之中，即女性主義者所說的「黑暗的大陸」。實際上，由於這種支配透過話語進行運作，所以也可以說它被「陰莖邏輯中心論」（以男性生殖器爲中心的邏輯支配性）排斥到黑暗之中。

對拉岡來說，「陰莖中心論」的問題與符號的結構是不可分的。能指符號「陰莖」作出關於存在和權力的許諾，但因它不可獲得而以「閹割情結」威脅著男女兩性。這種情結的構成方式與語言和潛意識的方式相同：當能指符號不能實現其關於存在的許諾時，個人主體進入語言便會產生出一種因主體的失落感而造成的分裂。不論男性還是女性，儘管採取的方式不同，但都缺少象徵化的陰莖所表示的性特徵的完整性。社會和文化因素，例如關於性別的模式，可以增強或減弱這種潛意識的「缺少」所產生的影響，但作爲存在的一個能指符號而非一個身體器官的「陰莖」，仍然是「閹割情結」的一種普遍的根源，因爲它許諾對這種潛意識的「缺少」進行補充而從未補充。拉岡有時將這種逼

人注意的能指符號稱作「聖父的命名」，以此強
調它的「非真實的」、非生物學的存在方式。他
認為，人類社會裏的每一個人，無一不圍繞著
「陰莖」的在與不在的問題來組織他們的愛和
恨的關係。這種對普遍模式的強調，無疑是後
結構主義的典型做法。

　　在個人充分性別化的形式過程中，拉岡將
父親的作用也特殊化了。他把佛洛伊德的伊底
帕斯情結描述為三個階段：

　　1.男性幼兒完全認同於母親，並且潛意識
地希望補充她身上缺少的一切；於是他向陰莖
認同，向他母親欲求的客體認同，而這樣做時
他自己呈現為一片純粹的空白。

　　2.父親禁止幼兒與陰莖認同，同時也禁止
母親對這種認同的承認；於是幼兒遇到了以
「閹割」威脅他的父親的法律。

　　3.幼兒向父親認同，像他一樣也「有」陰莖，
形成自己作為一個人的同一性的感覺，有朝一
日將取代他父親的位置；於是幼兒壓制原始的
欲望，代之以對法律的承認，即承認佛洛伊德

所說的「現實原則」。

　　拉岡認爲，幼兒達成自己的同一性，只有靠進入語言的「象徵」秩序才能實現，而這種語言秩序由「相似」和「相異」的關係構成。因此幼兒必須接受父親的法律強加的排他性，採取「有我無你」的態度，才能進入由語言秩序指定的性別空間。這裏最重要的是認識父親角色的「隱喻」性質——他被置於法典制定者的地位。這並非因爲他有一種優越的生殖功能，而是因爲它被當成了語言系統中的一種效果。拉岡指出，母親承認父親的言語，是因爲她能夠了解關於父親功能的能指符號；正是這種能指符號，才以一種「文明化的」（壓制的）方式限定欲望。因此，只有接受性別差異的必然性和經過限定的欲望，幼兒才能成爲「社會化的」人。

　　當然，女性主義者並非不折不扣地接受拉岡的觀點。她們認爲，即使嚴格按照陰莖的「象徵」意義，拉岡的理論所賦予它的特殊表意地位也言不符實。珍妮·加洛普認爲，將拉岡的

理論範疇用於性別區分，不可避免地會使女性性徵處於從屬地位。男人被「閹割」是因爲沒有完全達成「陰莖」所許諾的整體性，而婦女被「閹割」卻因爲不是男性。女性經過伊底帕斯情結的過程不那麼明顯，在父親的法律能禁止亂倫之前，女孩必然把自己的愛從母親轉向父親，但由於她已被閹割，很難看出是什麼代替了男性成長中那種閹割的「威脅」，很難看出透過什麼樣的作用過程她的伊底帕斯情結得到了消解。不過，拉岡的方法也有其長處，它擺脫了生物決定論，透過語言將佛洛伊德的精神分析與社會制度聯繫了起來。

雖然拉岡並不贊成女性主義，甚至對婦女運動採取傲慢和蔑視的態度，但他「重寫」佛洛伊德主義的創造性努力，他對人的主體與語言的關係的闡述，使人覺得他好像在推行一種「反邏各斯中心論」的「女性主義」話語。正如珍妮・加洛普所說，他是「風流的」、幽默的，具有詩人的氣質；他拒絕作出結論，也拒絕確立眞理。他在回想佛洛伊德不曾回答的問題「婦

女要什麼?」時指出，這個問題一定要允許爭
論，保持「開放」的狀態，因為女性是「流動
的」，而「流動」是不穩定的。婦女從來不說相
同或相似的東西，他們說出的東西也是「流動
的」，甚至帶有欺騙性。加洛普認為，如果同意
這種看法，就可能再次滑到「陰莖中心論」
——將婦女排逐到邊緣，認為她們不穩定、無
法預料而不加考慮。若不想恢復這種女性對男
權制的「開放性」，必須以肯定的方式使這種
「開放性」特殊化。於是女性性徵直接與詩的
生產聯繫起來，與心理感情和衝動聯繫起來；
這種衝動破壞單一意義的、「邏各斯中心主義」
的話語專制，因而也破壞「陰莖邏各斯中心主
義」的話語專制。

　　朱麗亞・克里斯多娃(Julia　Kriesteva)
支持這種觀點。她深受拉岡的影響。在她的著
作裏，中心觀念常常是一種兩極性，一極是「封
閉的」理性系統，另一極是「開放的」、破壞性
的、「非理性的」系統。她認為詩是心理分析的
「特殊所在」，因為詩在兩極系統之間保持平

衡，有時還會接受在「理性系統」之外發生作
用的欲望和恐懼的基本衝動。她把符號的「語
言」作為破壞象徵秩序的一種方式，以法國象
徵主義詩人和其他前衛派作家的作品為例，說
明普遍語言中相對確定的意義受到字義流動的
擾亂和破壞。也就是說，在前衛派文學裏，原
始過程侵犯語言的理性安排，似乎會打破「說
者」和「讀者」統一的主體性。主體不再被視
為意義的源泉，而是意義的所在，因此從根本
上形成了「同一性」的分裂和「連續性」的消
失。幼兒在伊底帕斯情結階段之前所經歷的「衝
動」頗像一種語言，但還未形成一種語言秩序。
要使這種「符號的」物質變成「象徵性的」，它
必須穩定下來，這就意味著要壓制「流動的」、
「有節奏的」衝動。最接近符號話語的方式是
幼兒在伊底帕斯情結之前的牙牙學語。不過，
語言本身保留著這種符號的某些「流動性」，而
詩人則極力協調地找出它的和聲。由於心理和
肉體相互作用的衝動出現在伊底帕斯情結之
前，所以它們與母親的軀體相關；而子宮中自

由流動的羊水和母親抱著餵奶的乳房，是伊底
帕斯情結之前最早有經驗感受的地方。因此「符
號」不可避免地與女性的軀體相聯繫，而「象
徵」則與「父親的法律」相關。「父親的法律」
進行檢查和壓制，從而使話語得以形成。

　　婦女是先於話語的「潛意識」的沉默，她
們是「他者」，處於理性的語言秩序之外，並威
脅要破壞有意識的、理性的語言秩序。另外，
由於伊底帕斯情結之前的階段沒有性別的區
分，所以「符號」並沒有表現出明確的女性。
故人們可以說，克里斯多娃是在代表婦女要求
這種既不被壓制也不壓制的解放力量。按照克
里斯多娃的理論，不論是男是女，前衛派詩人
都會介入「母親的軀體」，反對「父親的命名」。
例如馬拉美透過破壞句法而破壞「父親的法
律」，透過發現「母親的」符號的流動而與母親
認同。顯然，克里斯多娃理論中的政治聯想
──關於破壞一切穩定意思和制度的符號的力
量──是一種無政府主義的形式，與「前衛派
的話語」相對應，與女性主義的批評有著密切

的聯繫。由於女性主義決心推翻「陰莖邏輯中心論」，所以它很容易採取無政府主義的哲學和政治觀點。

在拉岡理論的影響之下，一些法國女性主義者還認為，女性性徵是個隱秘的、陌生的客觀存在。埃萊娜‧西蘇(Hélène Cixous)在其論文《美杜莎的微笑》裏，對這種觀點作了很好的論證和分析。一般認為，這篇論文是關於「婦女寫作」的宣言，它號召婦女把自己的「軀體」寫進她們的作品。西蘇描寫了大量出現的女性潛意識：「寫你自己。必須讓人知道你的軀體。只有那時，潛意識的巨大力量才會噴發出來。」西蘇認為，沒有什麼普遍的女性精神；恰恰相反，女性的想像力變化無窮，永遠不會固定於一種形態。真正獲得解放的婦女作家一定會說：「我也滿懷激情；我的欲望創造出新的欲望，我的軀體知道不曾聽過的歡欲。我也感到自己充溢著啟發性的激流，不時地會迸發出來──但迸發的形式更加漂亮，比那些受到框制和充滿銅臭的舊形式更加美好。」

　　按照西蘇的看法，寫作是可以萌發破壞性思想的所在，因此「陰莖中心論」的傳統不應該壓得大多數婦女喘不過氣來。她認爲，婦女必須無拘無束，恢復「她們的優點，她們的器官，以及她們一直被封閉的巨大的軀體領域」。婦女必須拋棄她們的負罪感——不論性慾過盛還是過弱，不論母性過多還是過少，都無須感到是一種罪過。事實上，西蘇的理論核心是她對理論的否認：女性主義的寫作將永遠超過那種規定「陰莖中心」系統的話語方式。

　　西蘇反對弗吉尼亞・吳爾芙的中性的「雌雄同體論」，鼓吹一種以母親爲中心的兩性論——不是取消差異而是激化差異。她認爲，羅蘭・巴爾特對《薩拉辛》的研究是敍事的「兩性論」的絕妙實例。實際上，西蘇對女性性徵的論述，常常使人想起巴爾特對前衛派文學的論述。西蘇寫道，「一個婦女的軀體，『以其一千零一個熱情的開始』……將使舊的單向性母語以多種語言回響。」這顯然是在談論「樂趣」。在羅蘭・巴爾特和克里斯多娃的著作裏，「樂

趣」兼有性高潮和多義言語的含義；而文本的
樂趣由於取消一切壓制會達到一種決定性的轉
折，使意義走向消亡。因此這種「樂趣」是對
「陰莖中心」話語法則的侵越，也可以說是婦
女作家的特殊任務。西蘇認爲，由於婦女一直
在男性統治的話語範圍內寫作，所以她們必須
爲自己創造一種語言，才能眞正進入作品。

　　然而西蘇的方法有些不切實際。她是在想
像一種可能的語言，而不是說明一種現存的語
言。因此和其他某些方法一樣，她的看法也會
把婦女驅入一個黑暗的、潛意識的庇護所。在
這種潛意識的庇護所裏，沉默籠罩著一切，似
乎只有伊底帕斯情結之前咿啞學語的聲音才能
打破。克里斯多娃深知這種危險，因此她寧可
依照弗吉尼亞・吳爾芙的方式，認爲婦女作家
在父母之間陷入一種困境。一方面，作爲作家
她們不可避免地與「陰莖統治」發生衝突，與
特殊化的父女關係相聯繫，使追求控制權和掌
握科學及哲學的傾向不斷發展；另一方面，她
們又必須迴避一切被認爲是「陰莖形象」的東

西，找到以軀體為支柱的潛意識的庇護所，以
此放棄對歷史的介入。

事實上，女性主義者若不借助於男性理
論，很難發展自己真正的理論。雖然有些女性
主義批評家認為，一種充分發展的女性主義理
論只能從婦女經驗內部產生，或者從她們的潛
意識裏產生，因此婦女必須創造自己的語言，
製造自己的觀念世界；但一個不容懷疑的事實
是，即使是埃萊娜・西蘇自己也大量吸收了巴
爾特和拉岡的理論。正如珍妮・加洛普所指出
的，「任何話語都是男性化的」，所以寫作不可
避免地要進入以男性為中心的充滿缺陷的象徵
秩序；從意象的範疇出發不可能進行寫作。

不過，無論如何，婦女都有權表明自己的
價值，探索自己的意識，發展與這價值和意識
相適應的新的表現形式。隨著男、女批評家力
量對比的變化，隨著性別問題的日益突出，過
去的文學原則和標準必然要重新衡量或修訂。
女性主義者認為，不論什麼策略或方法，只要
有助於她們的目的，都可以拿來應用。

第十一章
中國的女性主義批評

　　八十年代中期以後，女性主義批評在中國大陸文壇上悄然升起，雖聲勢不大，但因其性別特徵卻令人矚目。這與八十年代西方批評理論的引進不無關係，而這引進又與新時期的思想解放運動和社會條件密切相關。新的思想和理論以前所未有的深度和廣度，撞擊著人們的心靈，喚醒了人的自覺和人的主體意識，同樣也喚醒了婦女的自覺和婦女的女性意識。於是在文壇出現了蓬勃發展的女性文學，在批評界出現了以婦女作家和作品爲討論對象的女性主義批評。

　　坦率地講，中國的女性主義批評在很大程

度上受到西方女權主義運動和女性主義批評的
影響，甚至許多女性主義批評家的批評實踐，
直接採用西方女性主義批評理論的方法進行運
作。她們對此直言不諱。因爲她們認爲，與西
方女性主義批評相比，她們爲伸張女性自我意
識、反對男性中心社會對女性的壓迫的立場是
一致的；她們爲總結婦女作家和作品的經驗及
其文化價值的願望是一致的；她們爲婦女爭取
更多的心智自由和寫作空間的努力也是一致
的。她們宣稱：西方女性主義批評「爲世界文
化提供了一個新的視角，並照亮了一個極其廣
闊的黑暗領域──被歷史淹沒了的女性區域。
這不能不爲我們所關注。」

　　然而一個不容忽視的事實是，中國許多女
性主義批評家因語言障礙，缺乏閱讀原著的能
力，對西方女性主義批評缺乏深入的理解，常
常從不全面、不精確的翻譯（絕對精確的翻譯
當然是不可能的）或演講中形成她們的女性主
義認識，因此大多以婦女經驗和社會條件爲批
評依據，缺少意識深處的挖掘，儘管有一股情

感的熱力，發表了不少文章，但卻未能觸動男
性在文學和批評界的統治地位，甚至她們自己
也不自覺地在女性主義批評文章中彰顯了男性
意識。正如天津的女性主義批評家盛英所說：
「新時期女性主義批評尚處於初始階段，儘管
其帶有天然的細膩、敏感、感情化等特點，對
於女作家及其創作的研究，也已經從個別向群
體舖衍，由微觀向宏觀拓展，但由於尚未能自
覺地以婦女意識觀照之，批評的立場與方法依
然囿於一般的社會學批評，因而，女性主義特
色還不鮮明突出；加上有的女作家對於『女性
文學』稱謂、乃至女作家的桂冠表示了一種不
屑之態，更使女性主義批評處於尷尬之境。」

　　當然，這種狀況不僅僅限於認知上的原
因，與中國的具體社會條件有著更密切的關
係。自「五四」以來，婦女解放運動一直與民
主主義運動、民族解放運動緊密相聯，婦女求
解放、求獨立、求自由、求平等的意識，始終
與被壓迫階級的階級意識和革命意識交織在一
起。結果，雖然婦女在某種程度上取得了「身

份」的解放，在政治、經濟上與男人享有平等
的權益，但她們的身心並未得到開發，眞正的
男女平等尚未實現，婦女的自我個性在整體性
的解放鬥爭中被淹沒了。因此，婦女作家難以
自覺地以女性意識觀察社會和生活，女性主義
批評家也難以自覺地以女性意識進行批評觀
照，當然也難以自覺地對女性意識深入地進行
挖掘。

　　不過，中國婦女的「女性意識」並非因與
社會意識交融而泯滅。她們對傳統男權觀念的
憤怒與反抗，對女性角色的焦灼與悲愁，都在
文學中留下了印記。例如女作家王安憶的小說
「三戀」（《荒山之戀》、《小城之戀》和《錦繡
谷之戀》），通過對女主人公在性別當中掌握主
動權的描寫，透露出一股女性意識的覺醒。作
者在原慾世界裏，讓女主角們都以主動者的姿
態出現，可以說有意識地提出了兩性關係中以
女性爲本位的觀念，明顯具有揚陰抑陽的意
味。又如張潔的《方舟》和張辛欣的《在同一
地平線上》，其中的女導演、女翻譯、女理論家

們，因爲不甘於在社會競技場上充當弱者，反
對把女人視爲「性」的符號，她們遠離男人，
或困於「寡婦俱樂部」，或孤獨地呼號、掙扎和
發洩，以激憤的姿態反映出她們對現實境遇的
切膚之痛，鞭笞男性傳統帶來的重壓。

　　從批評實踐看，當前大陸的女性主義批評
仍然多從婦女的形象入手，追溯她們在文學史
上的演變，說明她們遭受的壓迫和歪曲，剖析
她們的社會經驗感受，而對呼喊著婦女心靈與
肉體的情感語言，對她們自己生命的衝動與感
覺，卻缺乏自覺的探討。這是因爲，她們對「女
性意識」的觀念，依然規範在傳統的格局之內；
對女性的個性解放和自我實現的認識，依然以
理性主義爲根據。婦女作家和女性主義批評
家，雖然有時也涉及婦女的心理感受，但卻不
敢進入潛意識的領域。因此，女性主義批評定
勢於一般社會學的批評，對女性意識的價值，
常常偏重於社會價值而忽視其心理價值。結
果，奇妙的、非理性的女性意識仍然被壓抑於
心靈的深處，描寫女性心靈與身體深處衝動的

作品常常遭到埋沒或誤解。例如石楠的中篇小說《深深的車轍》（1987），描寫女醫生未婚受孕，又遭嫌棄，一直處於心靈的煎熬之中；她想以「誠實」換取真誠的愛情，但不論是詩人、工人還是幹部，都因她曾「失貞」而收回對她的愛；最後她只好隱瞞「失貞」一事才成就了婚姻，然而誠實的良知又催促她把隱情告訴丈夫，自己再一次陷入惶恐與悲哀之中。這故事使女人不幸的境遇躍然紙上，使女人生存的文化氛圍充滿了悲哀的男性壓抑，但在打倒封建主義、婦女獲取「身份」上的平等的今天，何以這種封建（男權）意識如此強大？女性自身的價值如何實現？是否只是改變婦女的政治經濟地位就可以解決？這些涉及到意識深處的問題，恰恰是中國婦女文學和女性主義批評未能深入探討的問題。

　　如何改變這種狀況？中國女性主義者認為應引入「多元接受」，「注入心理學、文化人類學、生理學、現代美學等角度。」「一方面，女性主義批評將不顧外來之干擾，為揭示婦女意

識之需，引入各種有關的知識與方法，以增加審視角度；另一方面，多方引入多元接受，並非是多角度的機械『綜合』，也不必去執拗於非社會性因素。女性主義批評仍將以社會歷史批評為本，因為女性文學中的婦女意識，畢竟屬人類歷史的產物。」不可否認，這個療方有其合理的一面，但過於強調「社會歷史批評為本」，難免仍然局限於表層的社會經驗和人物形象，妨礙向女性意識的深層結構推進，而所謂的「多元接受」也可能流於形式。

由於基於以「社會歷史批評為本」，中國女性主義批評家提出了一些矛盾的看法。盛英寫道，「西方女性主義批評依據後結構主義傅科關於『話語』的觀點，要與男子爭奪語言控制權。我想在中國無此必要與可能，但對女作家語言的潛心研究卻是至關重要的。只有這樣的研究，才能達到開掘女性創造力和心理動因的層次，從而在展示女性審美特徵的同時，顯示出女性社會人生意識與情感的類型。」對傅科的「話語理論」，自然可以有不同的認識，也不

必一定接受，但若簡單地以「在中國無此必要
與可能」而加以拒斥，不僅與「潛心研究」女
作家的語言相矛盾，而且與「多元接受」也有
矛盾。事實上，西方女性主義批評，尤其近來
持新歷史主義觀點的女性主義批評，不論在理
論上還是實踐上都受到傅科理論的深刻影響，
既然承認西方女性主義批評「爲世界文化提供
了一個新的視角……不能不爲我們所關注」，
那麼拒斥傅科的「話語理論」無疑是不明智的
看法。而且，如果不和男子「爭奪語言的控制
權」，那麼在男權統治的社會文化傳統裏，在男
性語言已經深入意識深處並形成語言規範的情
況下，婦女如何能充分表達自己的女性個性呢？
對於女性的個性解放和自我實現的認識，如何
能擺脫男性的統治呢？這些也許是當前中國女
性主義批評應該解決的問題。

　　中國女性主義批評的發展還不到十年，而
且呈方興未艾之勢，我們不必苛求它的完美。
也許眞正的「多元接受」即將出現，女性主義
批評的浪潮會滾滾向前。至少從下面這段話

裏，我們可以感悟到這樣的希望：「我眞覺得，
所以有『女權主義』，所以有『婦女觀』，所以
有種種關於女人的理論，都是因爲，女人從來
沒有和男人平等地共享過這個世界。於是，女
人們才想出種種理論呼籲自己；於是，男人們
才創制更多的理論、更嚴格地來要求女人；於
是，理論越激烈，呼聲越響亮，似乎婦女們就
被越加地解放了。其實，只有到了那一天——取
消了『婦女觀』——沒有了專門的理論來說教
女人，女人像男人一樣不是靠理論，而是作爲
人，自然而然地確立於世界——只有到了那一
天，才是女人眞正的出頭之日。」這段話是女
作家陸星兒說的，她認爲女人應該自信、自豪、
對自己充分肯定，因爲作爲人，男人女人有著
同等的意義。世界是大家的，缺了誰也不行，
所以女人應該確確實實從心理上爲自己爭取到
「人」的自我和自由。

參考書目

Louis Auchincloss, *Pioneers and Caretakers* (Minneapolis : University of Minnesota Press, 1965).

Roland Barthes, *The Pleasure of the Text* (London, 1975).

Michele Barett, *Women's Oppression Today: Problems in Marxist Feminist Analysis* (New York: Schocken Books, 1981).

Rosalind Brunt and Caroline Rowan, *Feminism, Culture and Politics* (London: Lawrence & Wishart, 1982).

Simone de Beauvoir, ed. *The Second Sex* (Trans. and ed. H. M. Parshley, 1953. Reprint, New York: Vintage Books, 1974).

Wayne C. Booth, *The Rhetoric of Fiction* (Chicago: University of Chicago Press, 1961).

Josephine Donovan, ed. *Feminist Literary Criticism: Exploration in Theory* (Lexington: University Press of Kentucky, 1975).

Lee R. Edwards, *The Labors of Psyche: Toward a Theory of Female Heroism*, *Critical Inquiry* 6 (Fall 1979).

Mary Ellman, *Thinking about Women* (New York: Harcourt, Brace & World, 1968).

Shoshana Felman, *Reading Femininity*, *Yale French Studies* No. 62 (1981).

Feminist Issues in Literary Scholarship.

Special issue. *Tulsa Studies in Women's Literature* 3 (Fall 1984).

Leslie Fiedler, *Love and Death in the American Novel*, rev. ed. (New York: Stein and Day, 1966).

Shulamith Firestone, *The Dialectic of Sex: The Case for Feminist Revolution*, rev. ed. (New York: Bantam, 1971).

Jane Gallop, *The Ghost of Lacan, the Trace of Language, Diacritics* 5 (Winter 1975).

The Daughter's Seduction: Feminism and Psychoanalysis (Ithaca: Cornell University Press, 1982).

Carolyn G. Heilbrun, *Toward a Recognition of Androgyny* (New York: Harper & Row, 1973).

Reinventing Womanhood (New York: W.W. Norton, 1979).

Carolyn G. Heilbrun and Margaret Higonnet, eds. *The Representation of Women in Fiction* (Baltimore: Johns Hopkins University Press, 1982).

Sandra M. Gilbert, *Patriarchal Poetics and the Woman Reader*, PMLA 93 (May 1978).

Sandra M. Gilbert and Susan Gubar, *The Madwoman in the Attic: The Woman Writer and the Nineteenth-Century Literary Imagination* (New Haven, Conn. Yale University Press. 1979).

Sandra M. Gilbert and Susan Gubar, eds. *Shakespeare's Sisters: Feminist Essays on Women Poets* (Bloomington: Indiana University Press, 1979).

Danniel Hoffman, *Harvard Guide to Contemporary American Writing* (Harvard University Press, 1979).

Vincent B. Leitch, *American Literary Criticism from the Thirties to the*

Eighties (New York: Columbia University Press, 1985).

Kate Millett, *Sexual Politics* (Garden City, N.Y. Doubleday, 1970).

Anis Pratt, *The New Feminist Criticism*. In *Beyond Intellectual Sexism: A New Woman, a New Reality*, ed. Joan I. Roberts (New York: David McKay, 1976).

Elain Showalter, ed. *The New Feminist Criticism* (New York: Pantheon Books, 1985).

Virginia Woolf, *A Room of One's Own* (1928). Reprint. (New York: Harcourt Brace Jovanovich, 1981).

Sydney Janet Kaplan, *Feminist Consciousness in the Modern British Novel* (Urbana: University of Illinois Press, 1975).

Tillie Olsen, *Sliences* (New York:

Delacorte Press, 1979).

Alice Walker, *In Search of Our Mothers' Gardens* (New York: Harcourt Brace Jovanovich, 1983).

Elaine Marks, *Lesbian Intertexuality*. In *Homosexuality and French Literature: Cultural Contexts, Critical Texts*, ed. George Stambolian and Elaine Marks (Cornell Univer sity Press, 1979).

Elaine Marks and Isabelle de Courtivron, eds. *New French Feminism: An Anthology* (New York: Shocken, 1981).

Kimberley Snow, *Images of Women in American Literature*, *Aphra* 2 (Winter 1970).

Dolores Barracano Schmidt, *The Great American Bitch*, *College English* 32 (May 1971).

Lionel Trilling, *The Liberal Imagination:*

Essays on Literature and Society (New York: Anchor Books of Doubleday , 1953).

Michele Murray, ed. *A House of Good Proportion, Images of Women in Literature* (New York: Simon and Schuster, 1973).

Ann Jefferson and David Robey, eds. *Modern Literary Theory* (Totowa, N. J. Barnes & Noble Books, 1986).

Toril Moi, *Sexual / Textual Politics* (London, 1985).

Alice Jardine, *Theories of the Feminine: Kristeva,Enclitic* 4 (1980).
Gynesis, Diacritics 12 (Spring 1982).
Women and Literature in France, Signs 3 (Summer 1978).

Julia Kristeva, *Desire in Language: A Semiotic Approach to Literature and Art* (Trans. Leon S. Roudiez, Alice

Jardine, and Thomas Gora. Columbia University Press, 1982).

Juliet Mitchell and Jacqueline Rose, eds. *Feminine Sexuality: Jacques Lacan and the Ecole Freudienne* (New York: W. W. Norton, 1982).

Lillian S. Robinson, *Sex, Class, and Culture* (Indiana University Press, 1978). *Dwelling in Decencies*, *College English* 32 (May 1971).

盛英，《中國新時期女作家論》（天津，百花文藝出版社，1992）。

《上海文論》，1989 年第 2 期。

・文化手邊冊 14 ・

女性主義

作　　者／王逢振

出　　版／揚智文化事業股份有限公司

發 行 人／林智堅

副總編輯／葉忠賢

責任編輯／賴筱彌

執行編輯／晏華璞

登 記 證／局版臺業字第 4799 號

地　　址／台北市新生南路三段 88 號 5 樓之 6

電　　話／(02)366-0309　　366-0313

傳　　真／(02)366-0310

郵　　撥／1453497-6

印　　刷／偉勵彩色印刷股份有限公司

法律顧問／北辰著作權事務所　蕭雄淋律師

初版三刷／1997 年 7 月

定　　價／新臺幣: 150 元

南區總經銷／昱泓圖書有限公司

地　　址／嘉義市通化四街 45 號

電　　話／(05)231-1949　231-1572

傳　　真／(05)231-1002

國立中央圖書館出版品預行編目資料

女性主義=Feminism / 王逢振著. --初版. -
　臺北市：揚智文化, 1995〔民84〕
　　面；　　公分. --(文化手邊冊；14)
　參考書目：面
　ISBN 957-9091-97-8(平裝)

　1.女權

554.52　　　　　　　　　　　　83012746